ABITUR-TRAINING

Gymnasium

Französisch – Themenwortschatz

Heller-Doyère • Wußler

STARK

Umschlagbild: © oversnap/iStock

Verfasst von: Christiane Heller-Doyère, Werner Wußler

© 2020 Stark Verlag GmbH
www.stark-verlag.de
1. Auflage 2015

Inhalt

Vorwort

verfasst von: Christiane Heller-Doyère, Werner Wußler

Vorwort

Liebe Schülerinnen und Schüler,

mit dem vorliegenden Band „Abitur-Training Themenwortschatz" können Sie sich gezielt auf das Abitur vorbereiten, indem Sie Ihren französischen Wortschatz vertiefen und erweitern.

- Die einleitenden Regeln zur Wortbildung helfen Ihnen dabei, die Bedeutung unbekannter Wörter zu erschließen.
- Der nach Themenbereichen gegliederte Trainingsteil bietet eine umfangreiche Auswahl an für das Abitur relevanten Vokabeln und Redewendungen sowie abwechslungsreiche Übungsaufgaben unterschiedlicher Schwierigkeit. Anhand des Lösungsteils können Sie Ihre Leistung überprüfen. Durch das Aufgabenmaterial erhalten Sie darüber hinaus eine Menge interessanter Informationen zu Frankreich und zur französischen Gesellschaft.
- Die alphabetische Wortschatzliste eignet sich zum schnellen Nachschlagen, aber auch zum systematischen Lernen des Wortschatzes. Ein Beispielsatz zu jedem französischen Wort zeigt Ihnen, wie dieses verwendet wird und sich in einen Satz einfügt. Synonyme und Antonyme, die den Wortfamilien zugeordnet sind, bieten Ihnen alternative Ausdrucksmöglichkeiten an, durch die Sie Wortwiederholungen vermeiden können.
- Im ActiveBook finden Sie viele Aufgaben in digitaler Form. Sie können online über die Plattform MyStark darauf zugreifen. Ihren persönlichen Zugangscode finden Sie auf der Innenseite des Umschlags.

- Ein Video zeigt Ihnen außerdem, wie Sie mithilfe von Lernstrategien Ihren Wortschatz erweitern und festigen können. Zum Video gelangen Sie über folgenden QR-Code:

http://qrcode.stark-verlag.de/ vokabellernen-franzoesisch

Wir wünschen Ihnen viel Spaß und Erfolg beim Trainieren Ihres französischen Wortschatzes!

Christiane Heller-Doyère   Werner Wußler

Hinweise zum ActiveBook

Bei der **Bearbeitung von Lückentexten** sind folgende Punkte zu berücksichtigen:

- Achten Sie auf die Groß- und Kleinschreibung.

- Kontrollieren Sie, dass zwischen zwei Wörtern nur ein Leerzeichen steht.

- Bevor Sie Ihre Antwort „abschicken", überprüfen Sie noch einmal, ob Sie alle Wörter richtig getippt haben. Sonderzeichen wie é oder à können Sie entweder direkt über die Tastatur eingeben (siehe dazu auch die Tipps unten) oder über das Menü neben der jeweiligen Lücke. In diesem Menü finden Sie viele Zeichen (z. B. ç). Klicken Sie zum Öffnen auf das Σ-Symbol.

Eingabe von Sonderzeichen auf der Tastatur – Tipps und Tricks

- Den Apostroph (wie in „j'ai") erzeugen Sie, indem Sie gleichzeitig diese beiden Tasten drücken:

- é *(accent aigu)*: Drücken Sie zuerst ⌐, dann die Taste des Vokals, auf dem Sie den Akzent platzieren möchten.

- à *(accent grave)*: Drücken Sie gleichzeitig ⇧ und ⌐, dann die Taste des Vokals, auf dem Sie den Akzent platzieren möchten.

- û *(accent circonflexe)*: Drücken Sie zuerst ^, dann die Taste des Vokals, auf dem Sie den Akzent platzieren möchten.

Regeln zur Wortbildung

1 Regelmäßigkeiten

Die folgenden Regeln zur Wortbildung dienen in erster Linie dazu, die Bedeutung eines Wortes, das aus einer Vorsilbe bzw. Endsilbe + Wortstamm oder aus zwei zusammengesetzten Wörtern besteht, zu erschließen.

Mithilfe dieser Regeln eigene Ableitungen zu bilden, ist jedoch nur bedingt möglich, da es leider sehr viele Ausnahmen gibt, die in die Irre leiten. So hat z. B. *indifférent* nicht die gegenteilige Bedeutung von *différent*, obwohl die Vorsilbe *in-* dies nach der Regel anzeigt.

1.1 Vorsilben (Präfixe) und deren Bedeutung

> Die französischen Vorsilben (*préfixes*) sind in der Regel lateinischen, seltener auch griechischen Ursprungs und lassen sich deshalb in ihrer Bedeutung leicht erschließen.

In der folgenden Übersicht sind die Vorsilben in sechs Gruppen zusammengefasst.

Vorsilben mit der Bedeutung einer Tätigkeit oder Veränderung	
en-, em-	ver-, be-
enrichir	bereichern
embellir	verschönern
empoisonner	vergiften
re-, ré-, r-, rétro-	rück-, zurück-, neu-, wieder-
refaire	wieder machen
relire	noch einmal lesen
réchauffer	wieder aufwärmen
rétroviseur	Rückspiegel
ranimer	wiederbeleben

Vorsilben mit Bezug auf einen Ort oder eine Zeit

après-, post-	**nach-**
après-midi (m./f.)	Nachmittag
postérité (f.)	Nachkommenschaft
avant-, pré-	**vor-, vorher-**
avant-hier	vorgestern
prévisible	vorhersehbar
entre-, inter-	**zwischen-, unter-**
entre-temps	inzwischen, zwischenzeitig
entreprise (f.)	Unternehmen
interrompre	unterbrechen
ex-	**aus-, ex-, ehemals, ehemalig**
exterminer	ausrotten
s'expatrier	auswandern
exclure	ausschließen
ex-président (m.)	ehemaliger Präsident
trans-	**über-, durch-, um-**
transmettre	überbringen, übertragen
transparent, e	durchsichtig
transition (f.)	Übergang
transformer	umwandeln

Vorsilben, die einen Gegensatz ausdrücken

dé-, dés-	**un-, ent-**
dépeuplé, e	entvölkert
désagréable	unangenehm
in-, il-, im-, ir-*	**un-, in-, nicht**
insensible	unempfindlich
illégal, e	ungesetzlich
immortel, le	unsterblich
irréparable	nicht wieder gutzumachen
a-	**a-, un-**
asocial, e	asozial
atypique	untypisch, ungewöhnlich

* Die Vorsilbe *ir-* steht nur vor Wörtern, die mit *r-* beginnen (*irr-...*)

Vorsilben, die einen Grad angeben

micro-, mini-, sous-	klein-, kleinst-, unter-, minder-
micro-ordinateur (m.)	Mikrocomputer
minimiser	verkleinern, verharmlosen
sous-estimer	unterschätzen
demi-, mi-	halb-, halbe(r)
à mi-chemin	auf halbem Wege
demi-frère (m.)	Halbbruder
demi-heure (f.)	halbe Stunde
uni-	gleich-, uni-
uniformément	gleichförmig
sur-, super-, extra-, ultra-	über-, besonders, außer-, ultra-
surestimer	überschätzen
superfin, e	besonders fein
extraordinaire	außergewöhnlich
ultrason (m.)	Ultraschall

Vorsilben, die Widerstand oder Zustimmung ausdrücken

anti-, contre-, para-	gegen-, anti-
antidote (m.)	Gegengift
contre-attaque (f.)	Gegenangriff
parasol (m.)	Sonnenschirm
pro-	für, pro-
pro-communiste	kommunistisch gesinnt, prokommunistisch

Griechische Vorsilben

hydro-	wasser-, hydro-
hydrothérapie (f.)	Wassertherapie
hyper-	über-, zu sehr, hyper-
hypercritique	überkritisch
sym-, syn-	mit-, syn-, sym-
sympathie (f.)	Sympathie, Mitgefühl
synchroniser	synchronisieren, in Einklang bringen
mono-	ein-, mono-, allein-
monogamie (f.)	Einehe
monopole (m.)	Alleinverkauf, Monopol
poly-	viel-, mehr-, poly-
polygamie (f.)	Mehrehe

1.2 Endsilben (Suffixe) und deren Bedeutung

Es gibt im Französischen keine Regel, die es erlaubt, aufgrund der Endung eines Substantives ein anderes Wort derselben Wortfamilie abzuleiten. Dagegen ist es möglich, anhand der Suffixe Rückschlüsse auf die Bedeutung des Wortes zu ziehen.

Endungen von Substantiven können häufig Aufschluss darüber geben,
- ob es sich um ein männliches oder weibliches Substantiv handelt;
- ob das Substantiv einen Zustand, Gegenstand, Beruf, ein Mittel, eine Tätigkeit, Eigenschaft oder Geisteshaltung bzw. Lehre ausdrückt;
- ob das Substantiv eine Qualität bzw. eine Qualitätsminderung bezeichnet.

Endsilben mit der Bedeutung einer Tätigkeit, seltener eines Zustandes

Männliche Endungen:
- **-age**

  un passage   Passage

  un atterrissage   Landung

- **-ment**

  un déménagement   Umzug

  un embellissement   Verschönerung

Weibliche Endungen:
- **-sion**

  une division   Teilung

- **-tion**

  une acclamation   Beifallskundgebung

  une introduction   Einleitung

- **-ure**

  une ouverture   Eröffnung

Ohne besondere Endung: Substantive in der Form der 3. Person Singular des dazugehörigen Verbs oder der weiblichen Form des participe passé.

3. Pers. Sing.

une demande   Anfrage, Bitte

une offre   Angebot

une copie   Kopie, Abschrift

participe passé

une prise   Übernahme

une fumée   Rauch

Endsilben, die einen Beruf angeben

-eur (m.), **-euse** (f.)
coiffeur, -euse   Friseur*in

-teur (m.), **-trice** (f.)
décorateur, -trice   Dekorateur*in

-ien (m.), **-ienne** (f.)
technicien, -ienne   Techniker*in

-ier (m.), **-ière** (f.)
charcutier, -ière   Metzger*in
cuisinier, -ière   Koch, Köchin

-iste (m., f.)
garagiste   Automechaniker*in
occuliste   Augenarzt, -ärztin
spécialiste   Fachmann, -frau

Endsilben, die einen Gebrauchsgegenstand, ein Mittel bezeichnen

-ier (m.)
un sablier   Sanduhr
un collier   Halskette

-ière (f.)
une saucière   Soßenschüssel
une barrière   Hindernis, Schranke

-ant (m.)
un désinfectant   Desinfizierungsmittel

Endsilben mit diminutivem (verkleinerndem) Charakter

-ot (m.)
Jeannot   Hänschen
Pierrot   Peterchen

-et (m.), **-ette** (f.)
un garçonnet   kleiner Junge
un cabinet   kleiner Nebenraum
une maisonnette   Häuschen

Endsilben, die eine Charaktereigenschaft, eine physikalische Eigenschaft oder eine Stimmung ausdrücken

Weibliche Endungen:

- **-eté, -ité**
honnêteté	Ehrlichkeit
fraternité	Brüderlichkeit

- **-ie, -erie***
jalousie	Eifersucht
cochonnerie	Schweinerei

- **-tude**
solitude	Einsamkeit
inquiétude	Unruhe

- **-ance, -ence**
indépendance	Unabhängigkeit
prudence	Vorsicht

- **-esse**
paresse	Faulheit
tristesse	Traurigkeit

* Die Endung *-erie* ist meist negativ besetzt und von einem Substantiv abgeleitet. Alle anderen Substantive leiten sich vom dazugehörigen Adjektiv ab.

Endsilben, die eine Geisteshaltung oder eine Lehre bezeichnen

-isme (m.)	-ismus
communisme	Kommunismus
chauvinisme	Chauvinismus
nationalisme	Nationalismus

Griechische Endsilben

-logie (f.)	-logie (die Lehre von …)
terminologie	Terminologie

-logue (m., f.), -logiste (m., f.)	-loge (Spezialist der Lehre von …)
gynécologue	Gynäkologe/Gynäkologin, Frauenarzt, -ärztin
physiologiste	Physiologe/Physiologin

-métrie (f.)	-metrie (Maß)
symétrie	Symmetrie

-mètre (m.)	-meter (Gegenstand/Person, die misst)
chronomètre	Chronometer, Zeitmesser, Uhr

-graphie (f.),	-grafie,
-graphe (m., f.)	-graf
géographie	Geografie, Erdkunde
géographe	Geograf*in
-phile (m., f.)	-freund, -freundlich
bibliophile	Bücherfreund*in, bücherfreundlich
-phobe (m., f.)	-feind, -feindlich
xénophobe	Ausländerfeind*in, ausländerfeindlich

1.3 Zusammengesetzte Substantive

Zusammengesetzte Substantive sind Verbindungen zweier selbstständiger Wörter, die meist mit Bindestrich geschrieben werden. Einige werden aber auch zusammengeschrieben, z. B. *un passeport* (ein Reisepass), *un vaurien* (ein Taugenichts), *un gentilhomme* (ein Edelmann).

Bei den zusammengesetzten Substantiven, die mit Bindestrich geschrieben werden, sind folgende Verbindungen möglich:

Substantiv-Substantiv

un timbre-poste	Briefmarke
un wagon-lit	Liegewagen
une station-service	Tankstelle

Das Genus richtet sich nach dem Genus des ersten Substantivs.
Pluralbildung: meist mit -s an dem Substantiv, das den Gegenstand als ganzen bezeichnet, z. B.: *les timbres-poste*.

Substantiv-Adjektiv / Adjektiv-Substantiv

| un coffre-fort | Geldschrank |
| une basse-cour | Hühnerhof |

Das Genus lässt sich an der Form des Adjektivs ablesen.
Pluralbildung: beide Kompositionselemente erhalten ein -s, z. B.: *les coffres-forts*.

Verb-Substantiv

un gratte-ciel	Wolkenkratzer
un tire-bouchon	Korkenzieher
un porte-monnaie	Geldbeutel
un ouvre-boîte	Dosenöffner
un cure-dent	Zahnstocher
un chasse-neige	Schneepflug

Das Genus ist immer männlich.
Pluralbildung: Das Verb erhält nie ein -s, das Substantiv immer dann, wenn es im Plural existiert, z. B.: *les tire-bouchons, les ouvre-boîtes, les cure-dents*; aber: *les gratte-ciel, les porte-monnaie, les chasse-neige.*

Verb-Verb / Verb-Adverb

un laisser-passer	Passierschein
un passe-partout	Hauptschlüssel

Das Genus ist immer männlich.
Die Pluralbildung erfolgt ohne -s, z. B.: *les passe-partout, les laisser-passer*

Adjektiv-Adjektiv

un sourd-muet	Taubstummer
le dernier-né	Letztgeborener, Jüngster

Das Genus richtet sich nach dem Genus der bezeichneten Person, z. B.: *une sourde-muette.*
Es werden beide Adjektive verändert. Ebenso bei der Pluralbildung, z. B.: *les sourds-muets, les sourdes-muettes.*

2   Unregelmäßigkeiten

Als Unregelmäßigkeiten werden im Folgenden diejenigen Wörter bezeichnet, die sich nicht nach den Regeln der Wortbildung von Kapitel 1 erschließen lassen.

Desweiteren enthält dieser Abschnitt eine Reihe von so genannten *faux-amis* (falsche Freunde). Dies sind französische Wörter, die auch im Deutschen verwendet werden, dort aber im Lauf der Zeit einen Bedeutungswandel erfahren haben und deshalb dazu verführen, falsch übersetzt zu werden.

Substantive, die nur im Plural existieren

les alentours (m.)	die Umgebung
les archives (f.)	das Archiv
les dépens (m.)	die Ausgaben
les épinards (m.)	der Spinat
les environs (m.)	die Umgebung
les fiançailles (f.)	die Verlobung
les frais (m.)	die Kosten
les mathématiques (f.)	die Mathematik
les mœurs (f.)	die Sitten
les ténèbres (f.)	die Finsternis
les vivres (m.)	die Lebensmittel
les gens (m.)	die Leute

Substantive mit maskulinem und femininem Genus

Einige französische Substantive, die von gleicher Herkunft sind und gleich geschrieben werden, existieren in der männlichen und in der weiblichen Form, haben jedoch mit wechselndem Genus unterschiedliche Bedeutung:

un aide	ein Gehilfe
une aide	eine Hilfe
un garde	ein Wächter
une garde	eine Wache
un manche	ein Stiel
une manche	ein Ärmel
un merci	ein Dankeschön
la merci	die Gnade
un mode	eine Art, Weise
une mode	eine Mode
un vapeur	ein Dampfer
une vapeur	ein Dampf
un voile	ein Schleier
une voile	ein Segel

Besonderheiten: *amour* ist im Singular männlich (= Liebe), im Plural weiblich (= Liebschaften); *après-midi* kann sowohl männlich als auch weiblich sein.

Falsche Freunde

Viele Wörter verleiten zu falschen Übersetzungen, da sie im Deutschen auch verwendet werden, allerdings eine andere Bedeutung haben.

addition (f.)	Addition, aber auch: Rechnung
adresse (f.)	Adresse, aber auch: Gewandtheit, Geschicklichkeit
affaire (f.)	Geschäft; Fall
aliment (m.)	Nahrungsmittel
bagage (m.)	Gepäck
brisant (m.)	Klippe
civilisation (f.)	Kultur
costume (m.)	Anzug
couvert (m.)	Besteck
démonstration (f.)	Vorführung, Beweis
délicatesse (f.)	Empfindlichkeit, Zartheit
désintéressé, e	uneigennützig, selbstlos
exclusif, ve	alleinig
foyer (m.)	Heim, Feuerstelle
frisé, e	gelockt, lockig
friser	sich kräuseln, grenzen an
garage (m.)	Garage, aber auch: Werkstatt
gros, se	dick
gymnase (m.)	Turnhalle
médecin (m.)	Arzt
négligé, e	vernachlässigt, ungepflegt, versäumt
ordinaire	gewöhnlich
partisan, e	Anhänger, Anhängerin
partout	überall
patron, ne	Chef*in
pénible	hart, schwer
pointe (f.)	Spitze
sensation (f.)	Sensation, aber auch: Gefühl, Empfindung
sensible	empfindlich, wahrnehmbar
serviette (f.)	Serviette, aber auch: Handtuch, Aktentasche
tablette (f.)	Wandbrett
toutefois	immerhin, dennoch
traîner	hinterherziehen, sich herumtreiben

3 Bildung von Adverbien

Es gibt neben den einfachen Adverbien wie *bien, mal, très* auch Adverbien, die von einem Adjektiv abgeleitet werden und auf die Silbe *-ment* enden.

3.1 Regelmäßige Bildung

Die Ableitung des Adverbs vom Adjektiv erfolgt nach folgender Regel:
1. **weibliche Form** des Adjektivs bilden
2. Silbe *-ment* anhängen

Adjektiv (m.)	→	Adjektiv (f.)	→	Adverb
parfait	→	parfaite	→	parfaite**ment**
doux	→	douce	→	douce**ment**
heureux	→	heureuse	→	heureuse**ment**

3.2 Sonderformen

Ableitung von der männlichen Form des Adjektivs

Das Adverb wird bei Adjektiven, deren weibliche Form im Lautbild auf Vokal endet, von der männlichen Form des Adjektivs abgeleitet:

Adjektiv (f.)	→	Adjektiv (m.)	→	Adverb
jolie [i]	→	joli	→	joli**ment**
absolue [y]	→	absolu	→	absolu**ment**
vraie [ɛ]	→	vrai	→	vrai**ment**
aisée [e]	→	aisé	→	aisé**ment**

Ausnahme:

gaie [ɛ]	→	gai	→	gaie**ment**

Adverbien, die auf *-amment* oder *-emment* enden

Adjektive, die auf *-ant* oder *-ent* enden, bilden das Adverb mit *-amment* bzw. *-emment*:

Adjektiv (m.)			→	Adverb
élégant			→	élég**amment**
prudent			→	prud**emment**

Ausnahmen:

présent	→	présente	→	présente**ment**
lent	→	lente	→	lente**ment**
véhément	→	véhémente	→	véhémente**ment**

Adverbien, die auf -ément enden

Einige Adverbien werden anstelle von -ment mit der Endung -ément gebildet:

Adjektiv (m.)		Adverb
énorme	→	énormément
conforme	→	conformément
profond	→	profondément
précise	→	précisément
commode	→	commodément
décidé	→	décidément
impuni	→	impunément
exprès	→	expressément
uniforme	→	uniformément

3.3 Unregelmäßige Bildung

Adjektiv (m.)	Adjektiv (f.)	Adverb
bon	bonne	bien
mauvais	mauvaise	mal
meilleur	meilleure	mieux
bref	brève	brièvement

La société

Vocabulaire

l'accueil [m.]	Empfang, Aufnahme
l'alcoolisme [m.]	Alkoholsucht
asocial, e	asozial
l'association [f.]	Verein, Vereinigung
l'attitude envers qn./qc. [f.]	Haltung gegenüber jdm./etwas
bénévole	unentgeltlich, wohltätig
le bouc émissaire	Sündenbock
cacher	verstecken, verheimlichen
cesser (de faire) qc.	aufhören (etwas zu tun)
clandestin, e	illegal, heimlich
le combat	Kampf
les conditions de vie [f. pl.]	Lebensbedingungen
la conquête	Eroberung, Sieg
considérer qn./qc. comme	jdn./etwas betrachten als
le contact	Kontakt
la coutume	Brauch, Sitte
défavorisé, e	benachteiligt, mit schlechten Voraussetzungen
la dégradation	Verschlechterung, Beschädigung
le demandeur d'asile	Asylbewerber
le désespoir	Verzweiflung
la détresse	Not, Elend
la dignité	Würde
la discrimination	Diskriminierung
distribuer	verteilen, ausgeben
la diversité	Vielfalt, Verschiedenartigkeit
le don	Spende
émigrer	auswandern
équivalent, e	gleichwertig
l'esclavage [m.]	Sklaverei
l'espoir [m.]	Hoffnung
étranger, ère	fremd, ausländisch
éviter	vermeiden

évoluer	sich entwickeln
l'exclusion [f.]	Ausweisung, Ausschluss
la fatalité	Verhängnis, Bestimmung
favoriser	begünstigen
féminin, e	weiblich
le foyer/centre d'accueil	Übergangswohnheim
frustré, e	frustriert, niedergeschlagen
fuir	fliehen
haineux, euse	hasserfüllt
la honte	Scham, Schande
hostile	feindlich
l'identité [f.]	Identität
immigrer	einwandern
inadapté, e	unangepasst; (einer Sache) nicht gewachsen
l'indifférence [f.]	Gleichgültigkeit
indigne	unwürdig
indigné, e	empört, entrüstet
l'inégalité [f.]	Ungleichheit
(in)humain, e	(un)menschlich
l'injustice [f.]	Ungerechtigkeit
l'insertion [f.]	Integration, Einführung
l'intolérance [f.]	Intoleranz
l'isolement [m.]	Vereinsamung, Isolation
limiter	begrenzen
le logement	Wohnung, Unterkunft
maltraiter	schlecht behandeln, misshandeln
marginal, e	Außenseiter*in
la méfiance	Misstrauen
la mendicité	Bettelei
mendier	betteln
mépriser	verachten
la minorité	Minderheit
la misère	Elend
misogyne	frauenfeindlich
naître	geboren werden
la naturalisation	Einbürgerung
l'oppression [f.]	Unterdrückung
l'origine [f.]	Herkunft, Ursprung
les papiers [m. pl.]	Ausweispapiere

la pauvreté	Armut
la peau	Haut
le permis de séjour	Aufenthaltserlaubnis
la persécution	Verfolgung
le pouvoir d'achat	Kaufkraft
le préjugé	Vorurteil
le processus	Vorgang
le progrès	Fortschritt
raciste	Rassist*in, rassistisch
réfugié, e	Flüchtling
la régression	Rückschritt
le rejet	Ablehnung
renvoyer	zurückschicken, abschieben
reprocher qc. à qn.	jdm. etwas vorwerfen
la résignation	Resignation, Selbstaufgabe
la revendication	Forderung
le sac de couchage	Schlafsack
le/la sans-abri	Obdachloser
le/la sans-papiers	illegaler Einwanderer/illegale Einwanderin
sans ressources	mittellos
le, la, les S.D.F. (sans domicile fixe)	Obdachloser, Obdachlose
se détériorer	sich verschlechtern
la ségrégation	Rassentrennung
se mobiliser	etwas unternehmen
le sentiment	Gefühl
s'intégrer	sich integrieren, sich anpassen
la société	Gesellschaft
la solidarité	Solidarität
souffrir de	leiden unter
terrible	schrecklich
la tolérance	Toleranz
la xénophobie	Ausländerhass, Fremdenfeindlichkeit

Idiomes et locutions

être laissé pour compte	Les S.D.F. sont souvent laissés pour compte.	von der Gesellschaft im Stich gelassen werden
vivre en marge de la société	Les personnes qui refusent de vivre comme tout le monde vivent en marge de la société.	am Rande der Gesellschaft leben
attirer l'attention de qn. sur qc.	Quelques personnes charitables essaient d'attirer l'attention des gens sur la misère des sans-abri.	jdn. auf etwas aufmerksam machen
traîner dans la rue	Souvent, les jeunes qui n'ont pas de travail/pas d'occupation, traînent dans la rue.	sich auf der Straße herumtreiben
tomber très bas dans l'échelle sociale	Quand on perd son travail, son logement, sa famille, on risque de tomber très bas dans l'échelle sociale.	gesellschaftlich tief sinken
mourir de faim et de froid	En hiver les S.D.F. risquent de mourir de faim et de froid.	vor Hunger und Kälte sterben
se donner du mal pour faire qc.	Les restos du cœur se donnent beaucoup de mal pour essayer de nourrir les plus pauvres.	sich bei/mit etwas Mühe geben
l'attitude envers	L'attitude raciste de certaines personnes envers les immigrés provoque des conflits.	die Haltung gegenüber
faire la manche	Quand on n'a plus d'argent pour vivre, on est parfois obligé de faire la manche.	betteln
amener qn. à faire qc.	Il faut amener le gouvernement à faire place aux femmes dans la vie politique.	jdn. dazu bringen etwas zu tun

Exercices

ıfgabe 1 *Complétez le tableau.*

substantif	verbe	adjectif
	diversifier	
	exclure	
le mépris		
	naître	
		fugitif, ive
	se solidariser	
	souffrir	
		tolérable
		haineux, euse
la faveur		
		discriminatoire
la misère	– – –	
		méfiant, e
l'accueil (m.)		
	appauvrir	
	terroriser	

ıfgabe 2 *Remplacez les mots ou expressions entre parenthèses par un synonyme.*

(La lutte) _____¹ des femmes pour leur insertion dans la vie politique continue.

Les jeunes sont (révoltés/outrés/hors d'eux) _____² par le racisme et l'injustice.

Les sans-abri souffrent surtout de leur (isolement) _____³.

Les sans-abri n'ont pas de (logement) _____[4].

Le chômage de longue durée conduit souvent à une grande (détresse) _____[5].

Tout le monde n'a pas la chance de (venir au monde) _____[6] dans un milieu social aisé.

(L'insertion) _____[7] des immigrés dans la société ne se fait pas toujours facilement.

Beaucoup de gens sont obligés de (s'expatrier) _____[8] pour faire vivre leur famille.

Aufgabe 3   *Remplacez les mots entre parenthèses par un antonyme.*

a) Cette personne est (sensible) _____ à la misère des sans-abri.

b) La situation actuelle fait naître (l'espoir) _____.

c) Dans ce pays, nous voyons la situation des femmes (évoluer) _____.

d) Ici, nous pouvons constater (l'intégration) _____ des immigrés dans la société.

e) La population s'est montrée (amicale) _____ envers les immigrés.

f) Ils ont fait preuve d'une grande (confiance) _____.

g) Cette propagande incite à (estimer/respecter) _____ les étrangers.

h) C'est une attitude tout à fait (égoïste) _____.

i) Il est (fier) _____ de sa situation.

j) À leur arrivée en France, les immigrés sont souvent très (entourés) _____.

k) (L'amour) _____ est un sentiment difficile à maîtriser.

l) Elle est (humaine) _____ et (sociale) _____.

fgabe 4 *Cherchez dans la liste de mots celui qui correspond à chaque définition.*

bénévole / bouc émissaire / clandestin / défavorisé / dégradation /
détresse / discrimination / insertion / marginal / mendier / minorité /
misogynie / naturalisation / permis de séjour / préjugé / racisme /
réfugié / xénophobie

a) une personne qui vit en marge de la
société : _____

b) demander l'aumône, faire la manche : _____

c) un petit nombre de personnes : _____

d) la haine de l'étranger : _____

e) le rejet d'une personne de race
différente : _____

f) sentiment de haine et de mépris pour
les femmes : _____

g) un document ou un papier qui vous
donne le droit de vivre dans un pays : _____

h) un immigré qui n'a pas de papiers,
qui se cache : _____

i) le fait d'obtenir la nationalité
d'un pays d'accueil : _____

j) une personne en fuite devant
la guerre, l'oppression ou une
catastrophe : _____

k) un sentiment que l'on adopte sans
preuves et sans connaissances : _____

l) la détérioration, l'aggravation : _____

m) une personne victime d'inégalité,
d'inconvénients : _____

n) une personne que l'on rend injuste-
ment responsable de tous les maux : _____

o) le fait de trouver sa place dans
la société : _____

p) une grande misère, un besoin urgent
d'aide : _____

q) une personne qui rend un service
gratuitement et volontairement : _____

r) la séparation, la différenciation selon
les races, les ethnies, le rang social : _____

Aufgabe 5 *Traduisez les mots entre parenthèses.*

S.D.F. – les nouveaux (Arme) _____[1]

Combien sont-ils, chaque soir, à se demander où ils vont passer la nuit ? À chercher une porte d'entrée, une bouche de métro, un endroit un peu

moins froid où ils pourront dérouler leur (Schlafsack) _____[2] et essayer de dormir un peu ? Question difficile quand les S.D.F., les (Obdach-lose) _____[3], n'ont ni (Ausweispapiere) _____[4] ni adresse. Contrairement aux clochards qui vivaient autrefois principalement sous les ponts de Paris, les S.D.F d'aujourd'hui se trouvent partout en France, surtout dans la banlieue des grandes villes. Ces (Außenseiter) _____[5], véritables exclus de la (Gesellschaft) _____[6] n'ont pas tous choisi la vie qu'ils mènent. Souvent, le drame commence par la perte d'un (Arbeitsstelle) _____[7] suivie de celle du (Wohnung/Unterkunft) _____[8] et de la (Familienleben) _____[9]. Très vite, ces laissés pour compte tombent au plus bas de l' (gesellschaftliche Leiter) _____[10].

Comment s'en sortir en effet quand on n'a plus d'adresse à donner à un éventuel (Arbeitgeber) _____[11] ? Quand la (Schande) _____[12] et la (Wut) _____[13] ont fini par faire place à la (Einsamkeit) _____[14] et au (Hoffnungslosigkeit) _____[15] ?

La (Elend) _____[16] qui, autrefois, touchait surtout certains milieux dits (mit schlechten Voraussetzungen) _____[17], n'épargne aujourd'hui aucune classe sociale ni aucune tranche d'âge, même si les jeunes en sont les plus nombreuses (Opfer) _____[18]. Prisonniers d'une situation à laquelle souvent ils ne peuvent rien, (nicht gewachsen) _____[19] aux exigences d'une société où les (Schwächsten) _____[20] ne trouvent plus leur place, les sans-abri voient leurs (Lebensbedingungen) _____[21] (sich verschlechtern) _____[22] de jour en jour. Beaucoup (vermeiden) _____[23] de se rendre dans les (Wohnheime) _____[24] où ils pourraient (eine Nacht verbringen) _____[25] dans un lit et prendre un (warmes Essen) _____[26] parce qu'ils ne veulent pas se séparer de leur chien ou parce qu'ils refusent l'idée de se retrouver avec d'autres sans-abri aussi (beschämt) _____[27] et aussi (verzweifelt) _____[28] qu'eux-mêmes. C'est ainsi que chaque (Winter) _____[29], souvent dans l' (Gleichgültigkeit) _____[30] générale, des S.D.F. (sterben vor Hunger und Kälte) _____[31] alors qu'il y a encore de la place dans les (Übergangswohnheime) _____[32].

Aufgabe 6   *Complétez le texte à l'aide de la liste de mots. Certains mots doivent être accordés.*

> attaque raciste / chômage / diversité / émigrer / étranger / histoire /
> immigré de la deuxième génération / incompréhension / insécurité /
> maltraité / multiracial / pacifique / passé colonial / peau / préjugé /
> propagande / réfugié / révolté / se détériorer / ségrégation / solidarité /
> terre d'accueil / tolérance / tolérant / tradition / xénophobe

« S.O.S. racisme », une belle leçon de _____ [1]

À une époque où le monde entier connaît une des migrations les plus impor-

tantes de toute son histoire, la France est peut-être le plus _____ [2] de

tous les pays européens.

Cette grande _____ [3] de cultures, de mentalités, de religions, elle

la doit non seulement à son _____ [4], à son _____ [5],

mais encore à une vieille _____ [6] qui veut que la France soit une

_____ [7] pour tous les immigrés et les _____ [8] politiques

ou économiques.

Malheureusement, ce pays si prometteur pour beaucoup de malheureux obli-

gés d'_____ [9] pour survivre, a vu son climat social _____ [10] au

cours des dernières années. Le _____ [11] et l'_____ [12] qui

ne cessent d'augmenter dans la plupart des grandes villes, la peur et l'_____

_____ [13] devant les problèmes que posent les enfants d'immigrés,

ceux que l'on appelle les _____ [14], et surtout la

_____ [15] du Front National, parti politique de l'extrême droite, ont

amené des citoyens jusque-là _____ [16] et _____ [17] à

développer des sentiments racistes et _____ [18]. Quelques jeunes

lycéens français, indignés et _____ [19] de voir leurs amis d'origine

maghrébine attaqués ou _____ [20] sous le seul prétexte de la couleur de leur _____²¹, ont décidé de réagir publiquement en fondant avec leurs copains immigrés un club qu'ils ont appelé « S.O.S. racisme ». Cette organisation a eu très rapidement des ramifications dans toute la France. Elle a pour but de venir en aide aux _____²² et à toutes les victimes des _____²³. Les membres de cette association se reconnaissent à un badge qu'ils portent sur leur blouson, une petite broche qui représente une main ouverte avec le slogan : « Touche pas à mon pote ». Ce symbole de la main ouverte est une invitation à la _____²⁴, au respect de l'autre, à la lutte contre la _____²⁵ et les _____²⁶.

fgabe 7 *Complétez le texte à l'aide de la liste de mots, accordez-les si nécessaire.*

> avoir faim / avoir froid / bénévole / défavorisé / désespérer / détresse / don / exemple / financement / généreux / gratuitement / hiver / repas / ressource / solidarité / survivre / travail

Les restaurants du cœur
« Aujourd'hui, on n'a plus le droit d'_____¹ ni d'_____² ». Cette chanson, connue de tous les Français a fait l'objet d'un disque dont la vente à des milliers d'exemplaires a servi au _____³ des « restos du cœur ».

À l'origine de ces restaurants pas comme les autres, un célèbre comédien français, Coluche, qui s'est ému de la _____⁴ et de la misère de certains de ses concitoyens.

Pour que les personnes sans _____⁵ puissent prendre au moins un _____⁶ chaud par jour, cet homme _____⁷ a décidé d'ouvrir des restaurants où les plus pauvres pourraient manger gra-

tuitement pendant les mois d'hiver et surtout trouver un peu de chaleur et de
_____ ⁸ humaine.

Coluche est mort en 1986, un an après l'ouverture des premiers « restos du
cœur », mais son _____ ⁹ a été suivi par des milliers de _____ ¹⁰
qui, soit par des _____ ¹¹ en argent, soit par leur _____ ¹²,
contribuent à la poursuite de son action.

Dans presque toutes les grandes villes de France, dès les premiers jours de
l'_____ ¹³, des millions de repas servis _____ ¹⁴ permettent
aux plus _____ ¹⁵ de ne pas _____ ¹⁶ tout à fait ou
tout simplement de _____ ¹⁷.

Aufgabe 8 *Complétez le texte en traduisant les mots entre parenthèses.*

Femmes d'aujourd'hui : la lutte continue

Les hommes naissent libres et égaux en droit. Les hommes, peut-être, mais
qu'en est-il des femmes ? Qu'en est-il de l' (Gleichberechtigung) _____ ¹ ?
Si beaucoup d'entre-elles ont vu leurs (Lebensbedingungen) _____ ²
s'améliorer sensiblement au cours des dernières décennies, il reste encore
beaucoup à faire pour remédier à l' (Ungerechtigkeit) _____ ³ dont
certaines font encore l'objet. Longtemps victimes de (Vorurteile) _____ ⁴
et de (Bräuche) _____ ⁵ qui empêchaient toute évolution de leur statut,
les femmes d'autrefois ont dû mener un dur (Kampf) _____ ⁶ pour que
celles d'aujourd'hui puissent enfin obtenir leur émancipation. Conduire une
voiture, disposer d'un compte en banque, mener de front une (Berufsleben)
_____ ⁷ et familiale, autant de choses qui ne sont devenues naturelles qu'au prix de gros efforts. Le « sexe faible », longtemps (betrachtet als)

_____[8] inférieur à l'homme, a depuis longtemps fait ses preuves. Et pourtant elles n'en ont pas encore fini avec certaines formes de (Diskriminierung) _____[9] comme l' (ungleiche Bezahlung) _____[10] et l'impossibilité d'accéder à de hautes fonctions réservées aux hommes. Les femmes, moins représentées dans les assemblées parlementaires, revendiquent également leur participation à la gestion des affaires de l'État mais le caractère particulièrement (frauenfeindlich) _____[11] des hommes politiques français ne permet guère d'espérer. Alors patience. En attendant, la femme moderne continue à assurer sa place dans la société. De plus en plus (unabhängig) _____[12], elle reste longtemps (ledig) _____[13] afin de profiter pleinement d'une liberté difficilement acquise, et partage la même fierté que ses sœurs lorsque l'ancien président Jacques Chirac place pour la première fois une femme à la tête de l'armée française en nommant, en 2002, madame Alliot-Marie, ministre de la Défense.

Aufgabe 9 *Complétez les phrases suivantes et dites quelles revendications se rapportent: (1) aux femmes d'aujourd'hui, (2) aux immigrés, (3) aux sans-abri.*

	1	2	3

a) Leurs diplômes devraient être équ_____ à ceux des hommes. ☐ ☐ ☐

b) Un fo_____ pour dormir quand il pleut ou quand il fait très froid. ☐ ☐ ☐

c) Pour le même travail, le même sal_____. ☐ ☐ ☐

d) La nat_____ automatique de leurs enfants nés en France. ☐ ☐ ☐

e) Un endroit où pouvoir prendre une douche gr_____. ☐ ☐ ☐

f) Vivre en paix sans risquer d'être ag_____ à cause de sa peau ou de son accent. ☐ ☐ ☐

g) Le droit de pratiquer leur rel_____. ☐ ☐ ☐

h) L'abrogation de la loi interdisant de me_____ dans certaines villes. ☐ ☐ ☐

i) Prendre davantage part à la vie pol_____. ☐ ☐ ☐

j) La création d'un office qui les aiderait à trouver un lo_____ et du tr_____. ☐ ☐ ☐

k) Une aide de l'Ét_____ pour créer des crèches et des jardins d'enfants. ☐ ☐ ☐

l) Refus des pré_____ selon lesquels ces personnes seraient moins performantes, moins qualifiées, moins solides que d'autres. ☐ ☐ ☐

m) Les mêmes ch_____ que chaque Français sur le marché du travail. ☐ ☐ ☐

n) Le droit de garder leur chien dans les f_____. ☐ ☐ ☐

o) Les res_____ devraient être ouverts toute l'année. ☐ ☐ ☐

Les jeunes

Vocabulaire

l'adolescent, e	Jugendliche(r)
l'adulte [m. f.]	Erwachsene(r)
l'agression [f.]	Angriff, Überfall
(l')aîné, e	Ältere(r), ältere(r)
alarmant, e	alarmierend, beängstigend
alerter	alarmieren
l'arme [f.]	Waffe
arrêter	festnehmen
attaquer	überfallen, angreifen
avouer	gestehen, zugeben
la banlieue	Vorort, Vorstadt
brancher	gefallen, interessieren
le cas	Fall
le casseur/la casseuse	Randalierer*in
le chantage	Erpressung
la cocaïne	Kokain
la colère	Wut
condamner	verurteilen, bestrafen
le conflit	Konflikt
contagieux, euse	ansteckend, übertragbar
le crack	Crack (Droge)
la criminalité	Kriminalität, Verbrechen
la cure de désintoxication	Entziehungskur
la curiosité	Neugier
défendre	verteidigen, verbieten
la délinquance	Kriminalität
le délit	Delikt
la dépendance	Abhängigkeit
détruire	zerstören
doux, douce	sanft (Droge: leicht)
dur, e	hart, schwierig
l'effet [m.]	Wirkung

l'émeute [f.]	Krawall
l'enseignant, e	Lehrer*in
l'entourage [m.]	Umfeld
l'épanouissement [m.]	Aufblühen, Entfaltung
l'escalade [f.]	Eskalation, Steigerung
excitant, e	aufregend
la force de l'ordre [f.]	Ordnungshüter, Polizei
fournir	beschaffen, besorgen
goûter	versuchen, schmecken
guérir	heilen
la haine	Hass
le haschisch	Haschisch
l'héroïne [f.]	Heroin
la honte	Scham
impuissant, e	hilflos, machtlos
incendier	anzünden, Feuer legen
l'indulgence [f.]	Nachsicht
influencer	beeinflussen
interdire	verbieten
laxiste	lasch, lax
lutter	kämpfen
majeur, e	volljährig
la maladie	Krankheit
la manifestation	Demonstration, Kundgebung
mineur, e	minderjährig
mortel, le	tödlich
l'occupation [f.]	Beschäftigung
oser	wagen
l'overdose [f.]	Überdosis
la peur	Angst
la prévention	Vorbeugung, Verbrechensbekämpfung
la prison	Gefängnis
le produit de substitution	Ersatzdroge
la provocation	Provokation, Herausforderung
punir	bestrafen
réagir	reagieren, tätig werden
rejeter	ablehnen
la relation	Beziehung
les représailles [f. pl.]	Strafen, Repressalien

la répression	Bekämpfung, Bestrafung, Unterbindung
rêver	träumen
la révolte	Aufruhr
le risque	Risiko, Gefahr
s'éclater	sich austoben
la sécurité	Sicherheit
se droguer	Drogen nehmen
se plaindre	(sich be)klagen
(se) procurer	(sich) besorgen, beschaffen
la sensation	Gefühl
la seringue	Spritze
séropositif, ive	HIV-infiziert
sévère	streng
le SIDA	AIDS
s'occuper de	sich beschäftigen mit, sich kümmern um
soupçonner	verdächtigen
le surveillant	Aufsichtsperson
surveiller	beaufsichtigen, aufpassen
la tension	Spannung
tourner mal	schlecht ausgehen, auf die schiefe Bahn geraten
le, la toxicomane	Süchtige(r)
le trafic	illegaler Handel
le trafiquant/la trafiquante	Drogenhändler*in
le traitement	Behandlung
la transmission	Übertragung
la victime	Opfer
vigilant, e	wachsam
la violence	Gewalt
la vitrine	Schaufenster
voler	stehlen
la volonté	Wille

Idiomes et locutions

être en situation d'échec scolaire	Les jeunes qui quittent l'école sans diplôme sont en situation d'échec scolaire.	schulisch versagen, ohne Abschluss von der Schule gehen
s'en sortir (se sortir de qc.)	Quand on est dépendant d'une drogue, il faut du courage et de la volonté pour s'en sortir.	sich zu helfen wissen, loskommen von, sich (aus einer misslichen Lage) befreien
prendre à partie	Des professeurs ont été pris à partie par des élèves en colère.	angreifen
être en manque	Le malade dépendant ne pouvant pas se procurer la drogue dont il a besoin, est en manque.	unter Entzug leiden
sous peine de	Il ne faut ni consommer de drogue ni en avoir sur soi sous peine de condamnation à la prison.	bei Strafe
être dans le coup	Beaucoup de très jeunes gens goûtent à la drogue pour être dans le coup.	dazugehören, „in" sein
être à la portée de	Trop de drogues bon marché sont à la portée de tous.	erreichbar sein
faire face à un problème	Les enseignants et les parents ont du mal à faire face au problème de la violence des jeunes.	sich mit einem Problem auseinandersetzen
faire l'objet de	Les mesures prises par le ministre de l'éducation ont fait l'objet d'une manifestation des étudiants.	Grund/Gegenstand für etwas sein
attraper une maladie	Les jeunes qui utilisent des seringues contaminées pour se droguer risquent d'attraper le SIDA.	sich eine Krankheit zuziehen
pousser qn. à bout	Les enseignants sont souvent poussés à bout par la violence qui règne à l'école.	jdn. bis zum Äußersten treiben

Exercices

fgabe 1 *Complétez le tableau à l'aide de mots de la même famille.*

substantif	verbe	adjectif
	intéresser	
la défense		
		agressif, ive
	influencer	
la mort		
		volé, e
		résigné, e
		avouable
	dépendre	
la provocation		
		transmissible
l'alarme		
	se révolter	

fgabe 2 *Remplacez les mots entre parenthèses par un synonyme.*

a) Les (grandes personnes) _____ ne comprennent pas toujours les adolescents.

b) Les (professeurs) _____ sont souvent impuissants devant la révolte des jeunes.

c) Il est malheureusement trop facile de (se fournir) _____ certaines drogues.

d) À une époque où les jeunes sont exposés à tant de dangers, les parents doivent être très (attentifs) _____.

e) Il est urgent de (se battre) _____ contre la violence à l'école.

f) Dans certaines banlieues la (criminalité) _____ des très jeunes augmente dangereusement.

g) Les personnes âgées sont souvent victimes d'(attaques) _____ à main armée.

h) Les jeunes organisent des mega parties pour (s'éclater) _____.

i) Il est (défendu) _____ de consommer et de vendre de la drogue.

Aufgabe 3 *Trouvez le mot ou l'expression correspondant à la définition.*

a) un endroit où on enferme les délinquants : _____

b) un objet dont les criminels se servent pour menacer quelqu'un : _____

c) un objet dont on se sert pour une injection : _____

d) une personne qui est dépendante d'une drogue : _____

e) s'attaquer à quelqu'un ou à quelque chose : _____

f) la périphérie d'une grande ville : _____

g) les drogues dangereuses comme la cocaïne ou l'héroïne : _____

h) le commerce de la drogue ou d'une marchandise interdite : _____

i) celle du SIDA est mortelle : _____

j) mettre le feu à quelque chose : _____

k) avoir moins de 18 ans : _____

fgabe 4 *Complétez les phrases à l'aide de la liste de mots. Attention à l'accord !*

adulte / casseur / conflit / curiosité / délinquance / laxiste / manifestation
/ overdose / produit de substitution / répression / SIDA / trafiquant

a) Le _____ est
   une des maladies les plus
   graves de notre époque.

b) Au cours de la manifestation,
   des _____
   ont incendié des voitures.

c) Les _____
   gagnent beaucoup d'argent
   en vendant de la drogue.

d) Pour aider les drogués en état de manque, on leur donne des _____.

e) La _____ de la violence à l'école est indispensable au
   bon fonctionnement de l'éducation.

f) Les étudiants ont organisé une _____ pour protester contre
   la nouvelle loi.

g) C'est parfois par _____ que les jeunes goûtent à la drogue.

h) Avant de devenir _____, les adolescents doivent souvent
   surmonter une crise.

i) Le _____ des générations a toujours existé.

j) Beaucoup de drogués meurent d'une _____.

k) S'il est vrai qu'il ne faut pas être trop sévère envers les jeunes, il est tout
   aussi dangereux d'être _____.

l) Le chômage, la crise économique, les problèmes sociaux sont les causes de
   la _____ des jeunes.

Complétez le texte à l'aide de la liste des mots suivants, accordez-les si nécessaire.

> bon marché / consommation / dangereux / difficile / expérience /
> exportation / goûter / influençable / lutter / menacé / pilule / plaisir /
> SIDA / sensation / seringue / stupéfait / victime

Les jeunes et la drogue

Jusque dans les années cinquante, le haschisch, une des drogues les plus consommées en France, était réservé aux riches, aux amateurs de _____[1] fortes. Vendu très cher, il ne touchait qu'une clientèle assez restreinte.

Aujourd'hui, dans les écoles des grandes banlieues, 7 élèves sur 10 avouent avoir touché au moins une fois à cette drogue dite « drogue douce » et les parents _____[2] découvrent que leurs enfants ont _____[3] à la drogue alors qu'ils pensaient que cela n'arrivait qu'aux autres.

Les plus _____[4] par les trafiquants qui rôdent devant les écoles sont les jeunes adolescents. Désireux de faire comme les grands, _____[5], ils font souvent leur première _____[6] pour s'intégrer dans un groupe. Pour beaucoup d'entre eux, heureusement, les choses s'arrêtent là.

D'autres jeunes, moins chanceux, vont chercher dans la _____[7] de drogue dure un moyen d'échapper momentanément à un monde qui ne les branche plus ou tout simplement à augmenter leur _____[8] de s'éclater avec la danse et la musique.

C'est ainsi que l'Ecstasy, vendue _____[9] par des chimistes sans scrupules, a fait son apparition dans les « super mega soirées » réunissant plusieurs centaines de jeunes gens.

Ces nouvelles drogues, justement plus _____[10] que les autres parce qu'elles sont banalisées et déclarées sans danger, ont déjà fait beaucoup de _____[11]. Vendues sous forme de _____[12], elles ne nécessitent pas l'utilisation d'une

_____¹³ et sont donc

plus facilement consommées par une jeu-

nesse confrontée au terrible problème du

_____¹⁴. Alors comment

_____¹⁵ contre ce fléau ?

Le plus _____¹⁶ sera sans doute de s'attaquer au marché le

plus en expansion de notre époque, quand la survie économique de certains

pays repose sur la culture et l'_____¹⁷ de la drogue.

fgabe 6 *Complétez le texte en traduisant les mots entre parenthèses. Attention à l'accord !*

Quand la violence entre à l'école

Un proviseur à l'hôpital après avoir été gravement blessé par un de ses élèves,

des professeurs quotidiennement (bedroht) _____¹ et (angegriffen)

_____², matériel et locaux volontairement (zerstört) _____³,

l'école devient le théâtre d'une (Gewalt) _____⁴ de moins en

moins contenue.

Révoltés, (machtlos) _____⁵, les enseignants poussés à bout ont

fini par (streiken) _____⁶ afin d'attirer l'attention du gouvernement

sur des problèmes auxquels ils ne sont pas préparés à faire face.

Le chômage, la crise économique, les (Beziehungen) _____⁷ difficiles

des jeunes avec un milieu familial qui a tendance à se décharger sur l'école de

ses (Pflichten) _____⁸, sont autant de (Ursachen/Gründe) _____⁹

de cette situation difficile dont les (Jugendlichen) _____¹⁰ eux-mêmes

sont les premières (Opfer) _____¹¹. Confrontés chaque jour à la

(Angst) _____ ¹², au racket, à la brutalité et aux menaces, ils (nicht wagen) _____ ¹³ se plaindre par peur des (Strafen/Repressalien) _____ ¹⁴. Si l'école a toujours connu de tels (Verhaltensweise/ Benehmen) _____ ¹⁵ de la part de certains élèves, ce qui est nouveau et alarmant aujourd'hui c'est la violence des plus jeunes et la multiplication des (Waffen) _____ ¹⁶ dans les cartables. Les jeunes enfants (die schulisch versagen) _____ ¹⁷ refusent l'éducation et l'autorité du maître. Dans certains collèges de (Vorort) _____ ¹⁸, l' (Unsicherheit) _____ ¹⁹ et la (Spannung) _____ ²⁰ qui règnent dans les classes où 80 % des élèves ne savent pas lire le français rendent tout enseignement pratiquement impossible.

Aux professeurs (aufgebracht/in Aufruhr) _____ ²¹ et impuissants, le ministre a proposé trois solutions.

D'abord un numéro de téléphone à la disposition des enseignants victimes d' (Angriffe) _____ ²² et de (Erpressung) _____ ²³. Ensuite une formation spéciale qui devrait les aider à faire face à la violence. Enfin il a proposé d'embaucher comme « surveillants » des jeunes issus eux-mêmes de milieux considérés comme difficiles.

Ces propositions devaient contribuer à rétablir l'ordre dans un lieu qui devrait être pour tous synonyme d' (Entfaltung) _____ ²⁴ dans le calme et la sécurité.

Elles ont eu malheureusement peu d'effet puisque la violence à l'école est restée constante et a plutôt tendance à s'aggraver. Quant aux jeunes surveil-lants, ils ont perdu leur emploi très rapidement, faute de moyens pour pouvoir les payer.

fgabe 7 *Complétez le texte à l'aide de la liste de mots. Attention à l'accord !*

> bénévole / conséquence / corriger / échec scolaire / injustice / milieu
> social / miracle / patience / remédier / réussir / s'entraîner / solidarité /
> solution / surchargé / temps-libre / venir en aide

Des enseignants pas comme les autres

En entrant dans cette salle de classe, on ne voit d'abord rien qui permette de la

distinguer des autres. Un groupe de jeunes enfants _____ [1] à la

lecture et à l'écriture. Et puis, très vite, on remarque l'absence de l'instituteur. Il

est plus de 17 heures, et celui-ci a quitté son lieu de travail. Alors qui sont ces

jeunes gens qui se penchent sur les cahiers pour aider à _____ [2]

une faute ou à trouver la _____ [3] d'un problème? Ce sont des

_____ [4], des adolescents à peine plus âgés que leurs « élèves », qui ont

accepté de sacrifier une partie de leur _____ [5] pour _____ [6]

à des enfants en difficultés.

C'est sans conteste dès les premières années que se décide la scolarité de l'élève.

Dans les écoles primaires aux classes _____ [7], de nombreux enfants,

souvent issus de _____ [8] modestes, se retrouvent rapidement en

situation d'_____ [9], faute de recevoir à temps l'aide dont ils

auraient besoin et que leur entourage familial ne peut leur apporter. Pour

_____ [10] à ce problème dont les _____ [11] sont toujours graves,

voire irrémédiables, des jeunes gens courageux ont décidé de lutter à leur

manière contre cette forme d'_____ [12] sociale particulièrement inaccep-

table. Après chaque jour de classe, des garçons et des filles (souvent des

étudiants) désireux de se battre contre une situation qu'ils ont parfois connue

eux-mêmes, retrouvent les plus jeunes pour les aider à faire leurs devoirs.

Leur _____ [13], leur compréhension et surtout leur temps qu'ils donnent sans compter font de véritables _____[14]. Grâce à eux, plus d'un enfant pourra entrer au lycée dans des conditions normales et avoir une chance de _____[15] sa scolarité. Ce bel exemple de _____[16] prend toute sa dimension à une époque où les diplômes sont devenus indispensables et où l'avenir se joue sur les bancs de l'école.

Aufgabe 8 *Choisissez parmi ces adjectifs : ceux qui se rapportent à la drogue, ceux qui se rapportent aux jeunes. Attention aux accords !*

> agressif / consommé / curieux / dangereux / délinquant / dépendant / dur / excitant / influençable / interdit / mineur / mortel / raisonnable / séropositif / toxicomane / trafiqué / vigilant

La drogue peut être ...

Les jeunes peuvent être ...

fgabe 9 *Remplissez la grille et trouvez le mot caché. C'est un âge parfois difficile.*

1 il s'attaque aux voitures, aux vitrines des magasins par exemple
2 un antonyme de l'adjectif *dur*
3 un adjectif qui qualifie une maladie qui se transmet très facilement
4 la périphérie d'une grande ville
5 défendre de faire quelque chose
6 un antonyme pour le laxisme ou l'indulgence
7 une drogue dure très dangereuse
8 il va à l'école ou au lycée
9 un professeur ou un instituteur
10 un sentiment que l'on éprouve quand on est très fâché
11 une manifestation qui tourne mal

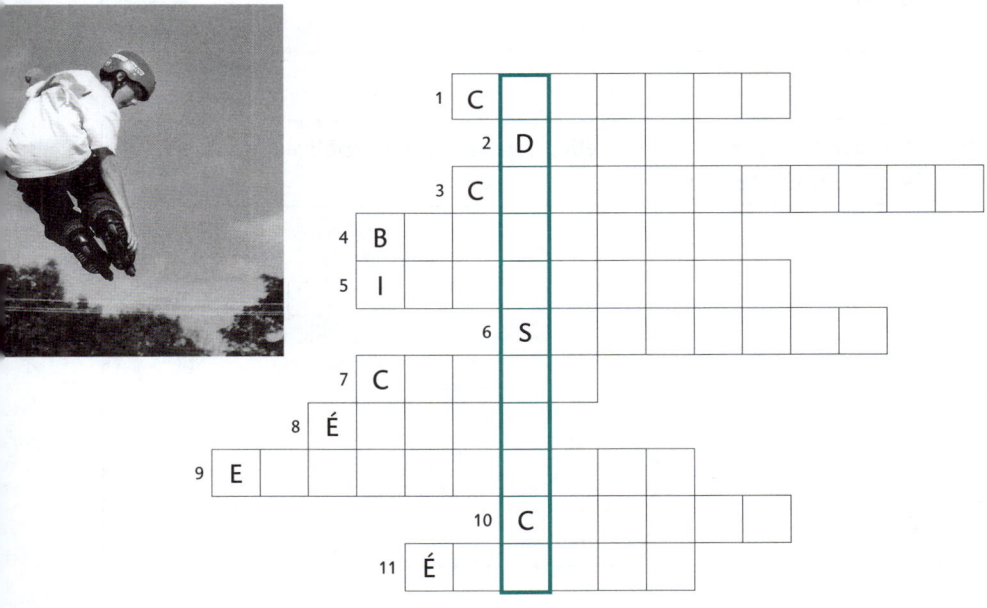

Aufgabe 10   **Escalier de mots**

Placez sur chaque marche, en commençant par la première marche en bas de l'escalier, un mot ou une expression, dans l'ordre chronologique de leur déroulement.

a)   cure de désintoxication / curiosité / dépendance / goûter / guérir / se procurer

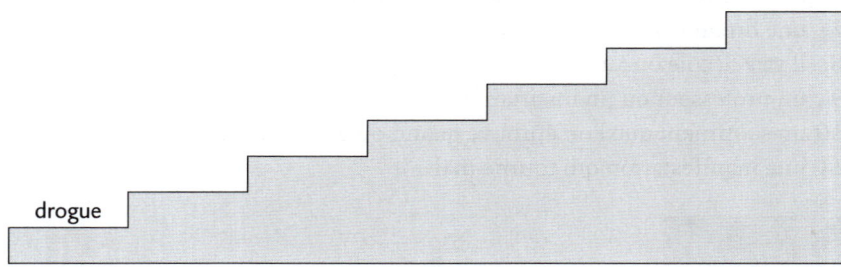

b)   attaquer / avouer / colère / délit / être arrêté par la police / pousser à bout / prison / punir

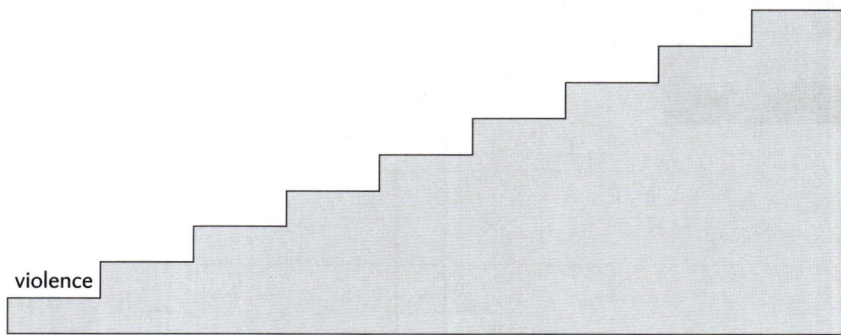

Les loisirs

Vocabulaire

l'agence de voyage [f.]	Reiseagentur
annuel, le	jährlich
apprécié, e	geschätzt, beliebt
automnal, e	herbstlich
l'aventure [f.]	Abenteuer
baigneur, euse	Badegast, Badende*r
bénéficier de	Nutzen ziehen aus, genießen
bouleverser	völlig verändern, erschüttern
le bricolage	Basteln
la chaîne (de télé)	Fernsehsender
le champion/la championne	Meister*in (Sport)
la clientèle	Kundschaft
le cocooning	Abschottung, Sichabschotten
la colonie de vacances	Ferienkolonie
la compétition	Wettkampf
le comportement	Benehmen, Verhaltensweise
les congés (payés) [m. pl.]	(bezahlter) Urlaub
le, la consommateur, trice	Verbraucher*in
(le, la) contemporain, e	Zeitgenosse, Zeitgenossin, zeitgenössisch
la contrainte	Zwang
la convivialité	Geselligkeit
la croisière	Kreuzfahrt
le, la cycliste	Radfahrer*in
dangereux, euse	gefährlich
décontracté, e	entspannt
découvrir	entdecken
le désir	Wunsch
la détente	Entspannung
diffuser	senden, ausstrahlen
disposer de	verfügen über
l'écran [m.]	Bildschirm
émettre	senden

l'endroit [m.]	Ort, Platz
l'ennui [m.]	Langeweile, Ärger
enregistrer	aufnehmen
envahir	überschwemmen, überfallen, einfallen
l'équipe [f.]	Mannschaft
estival, e	sommerlich
l'estivant, e	Sommerurlauber*in
éteindre	ausschalten, löschen
l'exigence [f.]	Forderung
l'exode [m.]	Flucht
favori, ite	Lieblings-, bevorzugt
le feuilleton	Fernsehserie
la foule	Menschenmenge
fréquenter	besuchen
gratuit, e	kostenlos, frei
l'habitude [f.]	Gewohnheit
hebdomadaire	wöchentlich
hivernal, e	winterlich
inciter à	verleiten zu, anregen zu
indispensable	unentbehrlich
individuel, le	Einzel-, individuell
interrompre	unterbrechen
le jardinage	Gartenarbeit
le jeu vidéo	Videospiel
jouer à	spielen (Sport)
jouer de	spielen (Musik)
jouir de qc.	etwas genießen
le lieu de rencontre	Begegnungsstätte
le loisir	Freizeit
modifier	verändern
la multitude	Menge
muni, e de	ausgestattet mit
l'obstacle [m.]	Hindernis
l'ordinateur [m.]	Computer
participer à qc.	an etwas teilnehmen
le passe-temps	Zeitvertreib
passionné, e	leidenschaftlich
plein air	Freiluft-
populaire	beliebt, verbreitet

pratiquer un sport	Sport treiben
la préférence	Vorliebe, Vorzug
prendre part à qc.	an etwas teilnehmen
printanier, ière	Frühlings-
le privilège	Vorrecht, Privileg
propice à	geeignet für, günstig
la quiétude	Ruhe
quotidien, ne	täglich
la randonnée	Wanderung
le refuge	Zuflucht
la rivière	Fluss
se distraire	sich zerstreuen
se divertir	sich vergnügen, sich zerstreuen
le séjour	Aufenthalt
s'enthousiasmer	sich begeistern
le sentier	Weg, Pfad
s'épanouir	sich entfalten
se réjouir de	sich erfreuen an
se reposer	ausruhen
s'évader	fliehen
le site	Ausblick, Ort
s'offrir qc.	sich etwas leisten, gönnen
la solitude	Einsamkeit
sortir	ausgehen
le souhait	Wunsch
la station balnéaire	Badeort
stressé, e	gestresst
la télécommande	Fernbedienung
le, la téléspectateur, trice	Fernsehzuschauer*in
le téléviseur	Fernseher
le temps libre	Freizeit
tenter qn.	jdn. in Versuchung bringen
l'usager [m.], l'usagère [f.]	Verbraucher*in, Benutzer*in
le, la vacancier, ière	Urlauber*in
le, la voyageur, euse	Reisende*r

Idiomes et locutions

à la campagne	Je passe le weekend à la campagne.	auf dem Land
en montagne	Il va en montagne pour faire du ski.	in den Bergen
au bord de la mer	Elle va au bord de la mer pour faire de la planche à voile.	an der See/Küste
avoir les moyens de	Ils n'ont pas les moyens de partir en vacances.	sich etwas leisten können
au grand air/ en plein air	Le rugby est un sport qui se pratique en plein air.	im Freien
prendre le temps de	Il faut prendre le temps de vivre.	sich Zeit nehmen
perdre son/du temps à	Il perd son temps à regarder la télé. Il a perdu du temps au départ de la course.	Zeit vergeuden/ verlieren
passer son temps à	Elle passe son temps à lire.	seine/ihre Zeit verbringen mit
à domicile	Les moniteurs ont raccompagné les enfants à domicile.	nach Hause, zu Hause
en plein essor	Cette station balnéaire est en plein essor.	voll im Aufschwung
sortir vainqueur de/ remporter la victoire	Il est sorti vainqueur de la course. Elle a remporté la victoire.	siegen
donner libre cours à qc.	Les loisirs permettent parfois de donner libre cours à la fantaisie.	einer Sache freien Lauf lassen
céder le pas à qn./ à qc.	Sur les routes, la prudence cède souvent le pas au désir de rouler vite.	jdm./etwas den Vortritt lassen/ gewähren
prendre le pas sur qc.	La société des loisirs a pris le pas sur le monde du travail.	etwas in der Hinter- grund drängen
joindre l'utile à l'agréable	En faisant du sport, on joint l'utile à l'agréable.	das Nützliche mit dem Angenehmen verbinden

Exercices

fgabe 1 *Remplissez le tableau à l'aide des mots de la même famille.*

verbe	substantif	adjectif	participe passé
se détendre			
souhaiter			
passionner			
pratiquer			
distraire			
contraindre			
ennuyer			
se réjouir			
divertir			
apprécier			
exiger			
s'habituer			
envahir			
interrompre		– – –	
permettre			
se reposer			
plaire			

Aufgabe 2 *Remplacez les mots entre parenthèses par un antonyme.*

a) Elle (continue) _____ son voyage.

b) Ses parents lui (permettent) _____ de regarder la télévision tous les jours.

c) Elle (s'ennuie) _____ à la plage.

d) Il (s'est reposé) _____ pendant les vacances.

e) Le téléviseur est un appareil (indispensable) _____.

f) Ce sont des vacanciers très (passifs) _____.

g) Ce sport est un sport (collectif) _____.

h) Après son voyage, il est rentré (stressé) _____.

i) La participation à ce jeu est (payante) _____.

j) N'oubliez pas d'(allumer) _____ le téléviseur.

Aufgabe 3 *Remplacez les mots entre parenthèses par un synonyme.*

a) Il n'est pas toujours possible de (jouir de)
_____ ses vacances.

b) Le tennis est son sport (favori)
_____.

c) Ce soir la première chaîne va (diffuser)
_____ une
émission sur les animaux.

d) Le sport et les voyages sont avec la télévision (les loisirs) _____
préférés des Français.

e) Au cirque, les clowns (amusent) _____ les enfants.

f) Elle a expliqué ce qu'elle (désirait) _____.

g) Dans les grandes villes les gens souffrent souvent d' (solitude) _____.

h) Les touristes ont (modifié) _____ leurs habitudes.

fgabe 4 *Donnez l'adjectif correspondant à chaque substantif (f. et m.).*

a) l'été : _____

b) l'hiver : _____

c) le printemps : _____

d) la durée : _____

e) l'année : _____

f) le mois : _____

g) la semaine : _____

h) la solitude : _____

fgabe 5 *Donnez une définition pour les expressions et les mots suivants :*

a) une station balnéaire : _____

b) un téléspectateur, une téléspectatrice : _____

c) une agence de voyage : _____

d) un contemporain : _____

e) remporter une victoire : _____

f) un sport populaire : _____

g) une croisière : _____

h) un cycliste : _____

i) une multitude : _____

j) une randonnée : _____

k) un auditeur : _____

l) un champion : _____

m) une télécommande : _____

Aufgabe 6   *Trouvez le mot qui correspond à la définition.*

a) l'ensemble des gens qui achètent
   quelque chose :

   _____

b) les touristes qui sont en vacances
   en été :

   _____

c) une obligation qui vous gêne
   mais qu'il faut subir ou faire :

   _____

d) une personne qui prend un bain
   (à la mer, dans une piscine, un lac) :

   _____

e) un petit chemin étroit :

   _____

f) un verbe qui signifie éprouver
   un grand plaisir :

   _____

g) se sauver, prendre la fuite :

   _____

h) un adjectif pour quelque chose que
   l'on fait tous les jours :

   _____

i) un sentiment que l'on éprouve
   quand on voudrait fortement
   quelque chose :

   _____

j) une personne qui achète, qui utilise
   quelque chose :

   _____

k) les enfants y passent leurs vacances
   avec des moniteurs, sans leurs
   parents :

   _____

fgabe 7   *Complétez le texte à l'aide de la liste de mots. Attention à l'accord !*

allumer / choix / détente / discuter / distraction / éteindre / exclu /
expérience / film / habitude / héros / téléviseur

Ces gens qui n'ont pas la télé…

« Quand notre _____[1] est tombé en panne, nous avons décidé,
d'un commun accord de ne pas le faire réparer… »

Madame B., mère de deux enfants de douze et quatorze ans, témoigne d'une

_____[2] commencée il y a quelques semaines et dont il est

difficile de dire comment elle se terminera.

« Nous avons voulu faire un _____[3], jouir des moments de

_____[4] en famille, renouer avec de vieilles _____[5], jouer

et _____[6] avec nos enfants…

Quand nous osons dire que ‹ nous n'avons pas la télé ›, on nous regarde avec des

yeux ronds. Pour les enfants, c'est encore plus difficile. À l'école, on parle télé,

il y a des _____[7] qu'il faut connaître, des _____[8] qu'il

faut avoir vus sous peine de se sentir _____[9]. »

N'est-il pas paradoxale d'éprouver la même gêne à dire qu'on ne regarde pas la

télévision que celle que l'on a à avouer que l'on ne résiste pas à la tentation de

l'_____[10] ? Sans en arriver à la supression totale d'une source

d'informations, de culture et de _____[11], ne serait-il pas temps

de se montrer beaucoup plus critique dans le choix d'un programme et surtout

d'apprendre à _____[12] …?

Aufgabe 8 *Remplissez la grille et trouvez le mot caché. Ce mot peut s'appliquer à chacun de nous.*

1 une des saisons
2 au cinéma ou à la maison, certains le regardent trop souvent
3 un film à plusieurs épisodes
4 un groupe de sportifs qui jouent ensemble
5 un grand amour
6 celles de la Méditerranée sont surpeuplées en été
7 un endroit particulièrement beau et intéressant, un beau point de vue
8 les « grandes » sont les préférées des élèves
9 on y va pour voir des pièces de Molière par exemple
10 un sentiment très agréable
11 une maladie de notre époque provoquée par trop de travail, la peur, etc.
12 celles de la télé sont nationales ou privées
13 une grande quantité de gens
14 un beau voyage d'agrément en mer

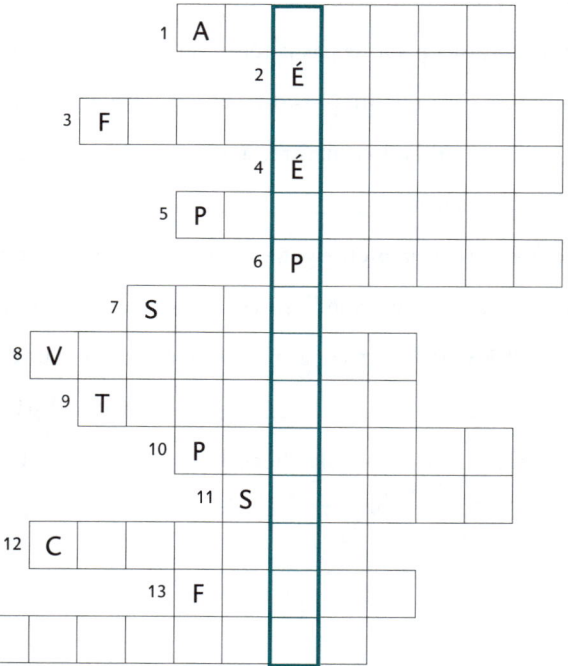

fgabe 9   Complétez le tableau à l'aide de la liste de mots.

agence de voyage / au bord de la mer / avion / bagages / baigneur / bain de soleil / billet de train / caravane / champion / cinéma / cirque / compétition / croisière / équipe / exposition / gagner un match / musée / opéra / parasol / pratiquer la natation / randonnée / réservation / s'entraîner / sable / séjour / serviette de bain / station balnéaire / théâtre / voyageur

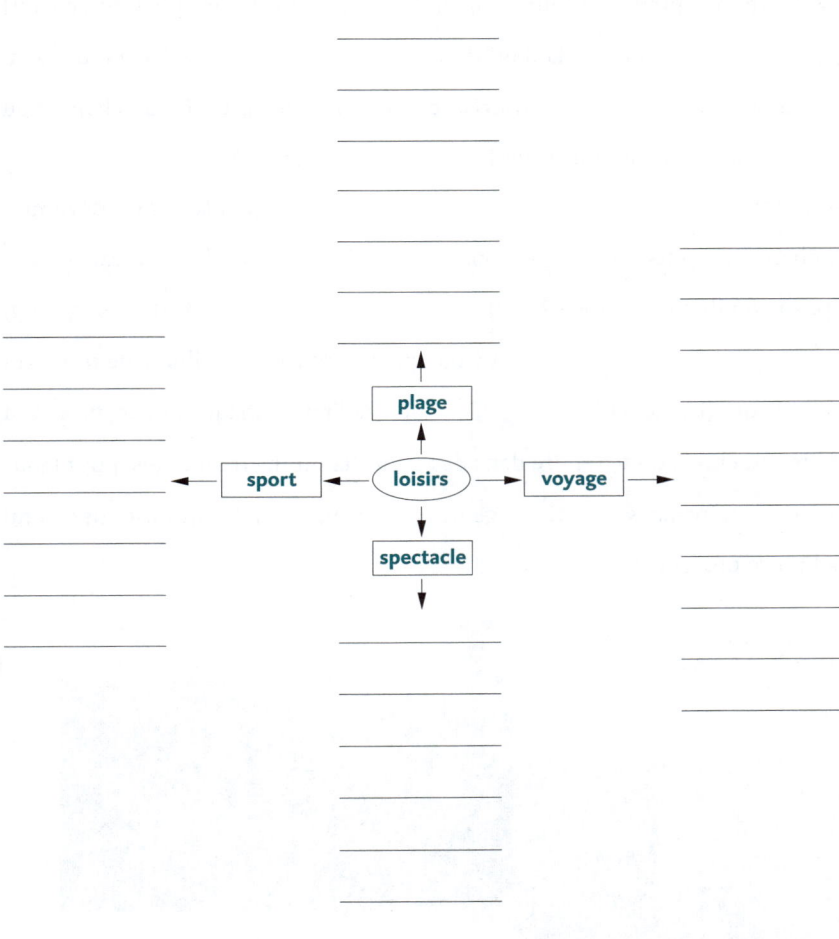

Aufgabe 10   *Complétez le texte en traduisant les mots entre parenthèses.*

La France touristique

Avec un chiffre annuel d'environ 90 millions de (Besucher*innen)
_____¹ étrangers, la France est le pays le plus visité en Europe.
Cependant, si la Côte d'Azur, la Bretagne, le Mont-Saint-Michel et les châteaux
de la Loire comptent toujours parmi les destinations les plus (geschätzt)
_____² des (Urlauber*innen) _____³, la France a vu
apparaître un nouveau type de tourisme, « le tourisme vert ». Pour échapper au
stress des grandes villes, mais aussi parce que les (Strände) _____⁴
et les (Badeorte) _____⁵ les plus fréquentées sont devenues
trop chères, de plus en plus de touristes préfèrent passer leurs vacances à la
campagne où ils trouvent le (Ruhe) _____⁶ et la (Entspannung)
_____⁷. C'est ainsi que parmi les 12 millions de touristes
allemands qui (besuchen) _____⁸ la France chaque année, un grand
nombre ont choisi de se rendre dans des endroits moins fréquentés, pour trouver dans l'arrière-pays le vrai visage des communes rurales qui est aussi celui
de la France profonde.

Dans ces sites, propices aux (Wanderungen) _____[9] et aux (Ent-deckungen) _____[10] insolites, les amateurs de (Einsamkeit) _____[11] et d'air pur peuvent également goûter une cuisine régionale qu'ils ne trouveront nulle part ailleurs. Les fermes-auberges, le (Camping auf dem Bauernhof) _____[12], les gîtes ruraux (fermes restaurées que l'on peut louer très bon marché) sont en pleine expansion et font une concurrence sérieuse aux hôtels, aux restaurants et aux stations touristiques (überlaufen) _____[13] qui n'offrent pas toujours ce que leur clientèle en attend.

L'environnement

Vocabulaire

abaisser	senken, mindern
abîmer	beschädigen, zerstören
acide	säurehaltig
l'aggravation [f.]	Verschlimmerung
alimentaire	Nahrungs-, Ernährungs-
améliorer	verbessern
anéantir	vernichten
assainir	bessern, sanieren
assécher	austrocknen, trockenlegen
l'augmentation [f.]	Erhöhung, Zunahme
la biosphère	Lebensraum
le cancer de la peau	Hautkrebs
le catalyseur	Katalysator
combustible	brennbar
concevoir	ausdenken, planen
la conservation	Erhaltung, Bewahrung
la contamination	Verseuchung
la couche d'ozone	Ozonschicht
coupable	schuldig
le déboisement	Abholzen
la décharge	Müllhalde
les déchets [m. pl.]	Müll, Abfall
le défi	Herausforderung
délicat, e	empfindlich, zart
la destruction	Zerstörung
dévasté, e	verwüstet, ruiniert
déverser	kippen, schütten
la diminution	Verringerung, Abnahme
disparaître	verschwinden
l'écologie [f.]	Umweltschutz
écologique	umweltfreundlich
économique	sparsam, wirtschaftlich

l'effet de serre [m.]	Treibhauseffekt
les égouts [m. pl.]	Abwasser
l'émission [f.]	Ausstoß
l'empoisonnement [m.]	Vergiftung
l'énergie nucléaire [f.]	Atomenergie
l'engrais [m.]	Dünger
entouré, e de	umgeben von
entraîner	verursachen, zur Folge haben
l'environnement [m.]	Umwelt
l'équilibre [m.]	Gleichgewicht
l'espèce [f.]	Art, Gattung
exterminer	ausrotten
la famine	Hungersnot
la faune	Tierwelt
la flore	Pflanzenwelt
la Forêt Vierge	Regenwald
gaspiller	vergeuden
le gaz carbonique	Kohlendioxid
le gaz d'échappement	Auspuffgas
génétique	genetisch
(im)propre à la consommation	(un)genießbar
(in)épuisable	(un)erschöpflich
(in)habitable	(un)bewohnbar
innocent, e	unschuldig
insensible	gleichgültig
insouciant, e	unbekümmert, sorglos
irradier	verstrahlen
la limitation de vitesse	Geschwindigkeitsbegrenzung
la marée noire	Ölpest
menacer	bedrohen
la nappe phréatique	Grundwasser
nocif, ive	schädlich
nucléaire	nuklear
nuire	schaden, beeinträchtigen
la nuisance	Umweltbeeinträchtigung
l'O.G.M. [m.] (organisme gé-nétiquement modifié)	gentechnisch veränderter Organismus
les ordures [f. pl.]	Abfall

le pesticide	Schädlingsbekämpfungsmittel
le pétrole	Öl
le pétrolier	Öltanker
la pluie acide	saurer Regen
le poison	Gift
le polluant	Schadstoff
la pollution	Umweltverschmutzung
potable	trinkbar
prendre des mesures [f.]	Maßnahmen ergreifen
préserver	erhalten, schützen
protéger	schützen
provoquer	verursachen
purifier	reinigen
la qualité de vie	Lebensqualität
la radiation	Strahlung
radioactif, ive	radioaktiv
ravager	verwüsten
le reboisement	Wiederaufforstung
le réchauffement	Erhitzung, Aufheizung
le recyclage	Wiederverwertung
renouvelable	erneuerbar
la réserve	Vorrat; *auch:* Naturpark
les ressources [f. pl.]	Naturschätze, Ressourcen
restaurer	wiederherstellen
retraiter	wieder verwerten
sans plomb	bleifrei
la sauvegarde	Erhaltung, Bewahrung
se débarrasser de	sich entledigen
s'insurger contre	sich empören, sich entrüsten
solaire	Solar-, solar
soucieux, euse	besorgt
la station d'épuration	Kläranlage
la surpopulation	Überbevölkerung
survivre	überleben
toxique	giftig
usé, e	verbraucht
vidanger	Öl ablassen
la zone climatique	Klimazone

Idiomes et locutions

tomber malade	Ayant bu de l'eau non potable il est tombé malade.	krank werden
se voir confronté à	Nous nous sommes vus confrontés à de graves problèmes.	konfrontiert werden mit
se heurter à la résistance de	Cette nouvelle loi se heurte à la résistance des écologistes.	seitens der/des ... auf Widerstand stoßen
être soumis aux lois de la nature	Nous sommes tous soumis aux lois de la nature.	den Naturgesetzen unterliegen
faire peu de cas de	Beaucoup de gens font bien peu de cas de la pollution.	einer Sache wenig Beachtung schenken
être en jeu	C'est tout notre avenir qui est en jeu.	auf dem Spiel stehen
être en voie de disparition	De nombreuses espèces animales sont en voie de disparition.	vom Aussterben bedroht
aux dépens de	Les hommes vivent aux dépens de la nature.	auf Kosten von
faire les frais de	Toute la planète fera les frais de la pollution.	für etwas büßen
au vu et au su de	Certaines usines polluent au vu et au su de tous.	offensichtlich
à la longue	À la longue, nous finirons par manquer d'eau potable.	mit der Zeit, auf lange Sicht
porter préjudice à	Les pollueurs portent préjudice à toute l'humanité.	schaden
à plus ou moins brève échéance	Cette forêt disparaîtra à plus ou moins brève échéance.	über kurz oder lang

Exercices

fgabe 1   *Remplissez le tableau à l'aide de mots de la même famille.*

verbe	substantif	adjectif	participe passé
			disparu, e
promettre			
		menaçant, e	
polluer			
		préservateur, trice	
			protégé, e
		ravageur, euse	
	la survie		
		gaspilleur, euse	
			nui, e
		entreprenant, e	
		conceptuel, le	
	la pureté		
			utilisé, e
			détruit, e
	le poison		

Aufgabe 2   *Trouvez les antonymes.*

a) la diminution _____

b) assainir _____

c) pur _____

d) abîmer _____

e) le reboisement _____

f) l'aggravation (f.) _____

g) innocent _____

h) soucieux _____

Aufgabe 3   *Trouvez les synonymes.*

a) contaminer _____

b) recycler _____

c) sauvegarder _____

d) nocif _____

e) les ordures (f./pl.) _____

f) anéantir _____

g) provoquer _____

fgabe 4 *Complétez le texte à l'aide des expressions et des mots donnés. Certains mots peuvent être employés plusieurs fois.*

> anéantir / déboiser / destruction / disparition / espèce / faune / flore / Forêt Vierge / génétique / inhabitable / protéger / ravager / sauvegarder / s'insurger / survie

La Forêt Vierge – son importance pour notre _____[1]

Tout comme l'atmosphère ou les océans, la _____[2] constitue un organisme qui contribue à _____ _____[3] la vie sur notre planète. On y trouve une variété de _____[4] et de _____[5] comme nulle part ailleurs. De nombreuses tribus qui vivaient en parfaite symbiose avec la forêt savaient comment l'exploiter sans pour cela la _____[6]. En effet, les hommes qui vivent de la forêt savent mieux que quiconque comment la _____[7].

Néanmoins, pour satisfaire leur soif de consommation, les nations industrialisées _____[8] les forêts au vu et au su du monde entier sans que l'opinion publique ne _____[9]. Ne savons-nous pas que la forêt est un des garants de notre _____[10]? Inexorablement, nous _____[11] d'immenses potentiels _____[12] qui constituent le plus inestimable trésor de l'humanité.

Cette ceinture verte qui entoure la terre tout le long de l'équateur est l'espace vital le plus riche en _____[13]. Malheureusement, cette multiplicité d'_____¹⁴ (rien qu'au Brésil on dénombre 3 500 essences forestières) va porter préjudice à la _____¹⁵. À long terme, elle disparaîtra si sa _____¹⁶ se poursuit et nous mourrons avec elle car sa _____¹⁷ entraînera une catastrophe climatique qui fera de la terre une planète _____¹⁸.

Aufgabe 5 *Complétez le texte. Selon le cas, traduisez le mot allemand, complétez le mot ou l'expression, ou bien mettez les lettres dans le bon ordre.*

La planète-serre

Voilà bien longtemps que les scientifiques essaient d'attirer l'attention du monde entier sur le grand danger que représente le lent (Erwärmung) _____ _____¹ de la terre. À l'origine de ce phénomène, un gaz apparemment inoffensif, l'oxyde de _____², produit entre autres par la combustion du charbon, du pétrole et du gaz naturel. La des_____³ion systématique de la grande Forêt _____⁴, véritable poumon de notre planète ajoute encore aux effets pervers de cette situation.

Cet (Treibhauseffekt) _____⁵, au sujet duquel de nombreux spécialistes s'emploient à tirer la sonnette d'alarme, pro_____⁶ le réchauffement permanent de l'atmosphère et, véritable menace, entraîne la fonte de l'énorme masse de glace que constituent les deux Pôles.

Si cet effet se poursuit, il risque d'(n e r n r i e a t) _____⁷ à plus ou moins brève échéance un décalage des zones _____⁸ provoquant sécheresse et (Hungersnot) _____⁹ dans certaines régions et une montée du niveau de la mer suivie de l'inondation de villes côtières à très dense population.

Nous demeurons néanmoins in_____[10]ibles

à ce danger qui (a m e c n e) _____[11]

l'humanité tout entière. Que ce soit dans

le domaine de la politique ou dans celui

de l'économie et du développement

industriel, nous faisons preuve d'une

in_____[12]ance et d'une passivité bien

(p c l e u s a o b) _____[13] alors qu'il serait

grand temps de prendre des me_____[14] draconiennes. Ces mesures

indispensables, bien connues des scientifiques puisqu'elles résultent de leurs

analyses, changeraient considérablement le mode de vie de chacun d'entre

nous. Mais quel gouvernement, sou_____[15] de plaire à son électorat,

oserait aujourd'hui imposer à ses concitoyens des mesures aussi impopulaires ?

Aufgabe 6 *Donnez pour chaque expression une explication ou définition en français.*

a) la protection de la nature : _____

b) la faune et la flore : _____

c) la marée noire : _____

d) les ressources naturelles : _____

e) la nappe phréatique : _____

f) l'énergie atomique : _____

g) les gaz polluants : _____

h) l'irradiation : _____

i) l'effet de serre : _____

La politique

Vocabulaire

abdiquer	abdanken
abolir	abschaffen
absolu, e	absolut, unumschränkt
accepter	annehmen
l'accord [m.]	Übereinstimmung
adhérer	anhaften, zugehören
l'administration [f.]	Verwaltung
affirmer	behaupten
appliquer	anwenden
approuver	etwas billigen
l'Assemblée nationale [f.]	Nationalversammlung
assurer	versichern
autoriser	ermächtigen, erlauben
le budget	Staatshaushalt
la campagne électorale	Wahlkampf
la candidature	Kandidatur
censurer	zensieren
centralisé, e	zentralisiert
le, la citoyen, ne	Bürger*in
civil, e	zivil, bürgerlich
la cohabitation	Zusammenarbeit von Präsident und Regierung verschiedener politischer Richtungen
la collectivité	Gemeinschaft
communiquer	mitteilen
compétent, e	fähig, zuständig
conduire	leiten, führen
conservateur, trice	konservativ
constituer	bilden, darstellen
la constitution	Verfassung
consulter	zurate ziehen
contraire	gegensätzlich
débattre	debattieren

décider de	entscheiden über
délicat, e	heikel, schwierig
démissionner	zurücktreten (von einem Amt)
le, la député	Abgeordnete(r)
déterminer	bestimmen
dictatorial, e	diktatorisch
le dirigeant	Herrscher, Staatslenker
disposer de	verfügen über
dissoudre	auflösen
divisé, e	geteilt
dominer	beherrschen
les droits de l'homme [m. pl.]	Menschenrechte
l'électeur, trice	Wähler*in
les élections législatives [f. pl.]	Parlamentswahl
les élections municipales	Gemeinderatswahl, Stadtratswahl
les élections présidentielles	Präsidentschaftswahl
l'électorat [m.]	Wählerschaft
être chargé de	beauftragt sein mit/zu
être favorable à	für etwas gesinnt sein
exécuter	ausführen
la femme politique	Politikerin
la fraude	Betrug
gérer	verwalten
le gouvernement	Regierung
l'homme politique [m.]	Politiker
l'impôt [m.]	Steuer
l'indépendance [f.]	Unabhängigkeit
instaurer	einführen, einsetzen
juridique	rechtlich, juristisch
juste	gerecht, richtig, knapp
laïc, ïque	weltlich, religiös unabhängig
légal, e	rechtmäßig
la loi	Gesetz
lutter	kämpfen
le, la maire	Bürgermeister*in
majoritaire	mehrheitlich
manifester	äußern, kundgeben, demonstrieren
mécontent, e	unzufrieden

le ministère	Ministerium
minoritaire	minderheitlich
modéré, e	gemäßigt
la nationalité	Nationalität
nommer	ernennen
opposant, e	Gegner*in (politisch)
l'opposition [f.]	Opposition
le parti	Partei
participer à	teilnehmen an
partisan, e	Befürworter*in, Anhänger*in
les pleins pouvoirs [m. pl.]	Vollmacht
le pouvoir exécutif	Exekutive, ausführende Gewalt
le pouvoir judiciaire	Judikative, richterliche Gewalt
le pouvoir législatif	Legislative, gesetzgebende Gewalt
proclamer	verkünden, ausrufen
la proposition de loi	Gesetzesvorschlag
public, ique	öffentlich
le quinquennat	5-jährige Amtszeit
radical, e	radikal
la puissance	Macht
refuser	ablehnen, verweigern
répartir	aufteilen, einteilen
représenter	darstellen, vertreten
réprouver	missbilligen
responsable de	verantwortlich für
le, la ressortissant, e	Staatsangehörige(r)
le résultat	Ergebnis
revendiquer	fordern
se méfier de	sich hüten vor
se résigner à	sich abfinden mit
se réunir	sich vereinigen
la session	Sitzung
succéder	nachfolgen
le suffrage	Wahlstimme
la taxe	Steuer
le tour de scrutin	Wahlgang
la volonté	Wille
le vote	Abstimmung, Stimme

Idiomes et locutions

être soumis à l'approbation de	La proposition de loi est soumise à l'approbation du Sénat.	der Zustimmung des/der … unterliegen
à la suite de	Les élections furent annulées à la suite d'une fraude électorale.	infolge von, als Folge
accorder les pleins pouvoirs	Le peuple refusa de lui accorder les pleins pouvoirs qu'il demandait.	die Vollmacht zubilligen
la voie du référendum	Cette nouvelle loi fut votée par la voie du référendum.	über Volksentscheid
prendre l'engagement de faire qc.	Il a pris l'engagement d'aider son pays à retrouver confiance en l'avenir.	sich verpflichten etwas zu tun
déposer un projet de loi	Les députés ont déposé un projet de loi qui devra être voté par l'Assemblée nationale.	einen Gesetzesentwurf einbringen
le cas échéant	Il faudra, le cas échéant, voter une deuxième fois.	gegebenenfalls
le moment venu	Le moment venu, on publiera le résultat des élections.	zu gegebener Zeit
mettre en cause	Cette affaire risque de mettre en cause la compétence du ministre.	infrage stellen
en tant que	En tant que président de la République, j'ai un devoir vis à vis de tous les Français.	als, in der Funktion des/der
donner lieu à	Cette fraude électorale a donné lieu à de vigoureuses protestations.	Anlass geben zu
mettre en vigueur	La mise en vigueur de cette loi a provoqué des conflits sociaux.	in Kraft setzen
être au-dessus de tout soupçon	J'ai pleine confiance en lui, pour moi il est au-dessus de tout soupçon.	über jeden Verdacht erhaben sein

Exercices

fgabe 1 *Remplissez le tableau à l'aide de mots de la même famille.*

verbe	substantif	adjectif	participe passé
élire			
gouverner			
appliquer			
dominer			
favoriser			
présider			
dépendre			
dissoudre			
respecter			
vouloir			
mentir			

fgabe 2 *Trouvez les antonymes (avec l'article indéfini pour les substantifs).*

a) accepter _____

b) autoriser _____

c) approuver _____

d) légal _____

e) majoritaire _____

f) un accord _____

g) divisé _____

h) dictatorial _____

i) faire confiance à _____

j) une victoire _____

k) dire la vérité _____

Aufgabe 3 *Trouvez les mots qui désignent les expressions ou les définitions données. Comment appelle-t-on...*

a) l'élection du maire ? _____

b) l'élection d'un député ? _____

c) l'élection du président de la
   République ? _____

d) la durée du mandat du président de la
   République, période pendant laquelle
   il est en fonction ? _____

e) le vote auquel tous les citoyens sont
   invités à participer ? _____

f) la personne qui vote ? _____

g) l'ensemble des députés et la chambre
   où ils siègent ? _____

h) quitter sa fonction, abandonner ses
   pouvoirs ? _____

i) les partis adverses de celui du chef de
   l'État ? _____

j) Le fait d'être obligé de choisir et de
   gouverner avec un Premier ministre
   dans le parti adverse ? _____

Aufgabe 4 *Complétez le texte en traduisant les mots et les expressions entre parenthèses.*

Promesses et déception

Bien que les (Politiker) _____[1] de France s'emploient activement

à gagner la confiance des (Wähler) _____[2] les Français (miss-

billigen) _____[3] la politique du (Regierung) _____[4] et aux

élections européennes de 2019, environ 50 % des électeurs de France ne sont

pas allés voter.

«J'ai l'impression d' (zum Narren gehalten worden sein) _____[5].»
déclare un citoyen déçu. «Toutes les promesses qui ont été faites pendant la
(Wahlkampf) _____[6] semblent oubliées aujourd'hui. Après tous ces
(Lügen) _____[7] et ces déceptions, il est bien difficile de continuer
à faire confiance à nos (Staatslenker) _____[8] politiques. Quel que
soit le (Ergebnis) _____[9] des prochaines élections, je ne me fais pas
d'illusions. En ce qui me concerne, je ne suis pas (radikal) _____[10],
je suis plutôt (gemäßigt) _____[11], et je n'approuve pas la politique de
Marine Le Pen mais je comprends pourquoi tant de gens ont voté (extrem
rechts) _____[12]. Il y a trop ‹ d'affaires › actuellement. Des ministres et des (Abgeordnete) _____[13] qui devraient (über jeden
Verdacht erhaben sein) _____[14] sont mêlés à des scandales qui
déshonorent la classe politique. Ces gens qui nous gouvernent ont abusé de
leur (Macht) _____[15] et ils ne méritent plus notre confiance.»
Si de telles déclarations ne reflètent pas l' (Meinung) _____[16] de tout
l'(Wählerschaft) _____[17] français, elles sont certainement le signe
d'un (Unzufriedenheit) _____[18] général.

Aufgabe 5 *Complétez le texte. Testez vos connaissances !*

La Ve République

En 1958, le général de Gaulle élabora une nouvelle constitution qui fut sou-
mise à l'approbation des Français par la voie du _____[1]. Cette constitution de la Ve République est basée sur la souveraineté nationale et les prin-
cipes démocratiques. Le président de la République est élu pour _____[2].

Il nomme le _____[3] qui à son tour va constituer le _____[4].

Il y a deux pouvoirs distincts : le _____[5] et le _____[6].

Le président et le gouvernement détiennent le pouvoir exécutif. Le
_____[7] est le chef des armées.

Si son parti n'a plus la majorité au parlement, le président peut _____[8]
l'Assemblée nationale.

Le parlement comprend l'_____[9] et le _____[10]. Les
_____[11] siègent à l'Assemblée nationale. Les lois sont votées par
le _____[12].

Aufgabe 6 *Complétez le texte à l'aide de la liste de mots et d'expressions.*

> chef des armées / constitution / défense nationale / démission / désaccord
> / gouverner / loi / pleins pouvoirs / pouvoir / Premier ministre

La défense nationale

Selon l'article 15 de la _____[1], le président de la République est
le _____[2], et selon l'article 21, le Premier ministre est responsable
de la _____[3]. Mais en cas de _____[4] entre les deux
hommes, à qui revient le _____[5] de décision ? Question délicate à
laquelle le général de Gaulle avait répondu en donnant les _____[6]
au président de la République.

Cette _____⁷ fut abolie après la _____⁸ de de Gaulle et le Premier ministre retrouva ses prérogatives. En ce qui concerne l'arme nucléaire, son emploi était entièrement décidé par le général de Gaulle quand ce dernier _____⁹ la France, mais depuis la nouvelle constitution, l'article 19 complique encore les choses. Il y est dit qu'en matière de défense, le chef de l'État doit obligatoirement avoir le consentement du _____¹⁰ avant de prendre toute initiative.

Souhaitons qu'il n'y ait pas de guerre, car il y aurait beaucoup de confusion !

fgabe 7   *Complétez le schéma.*

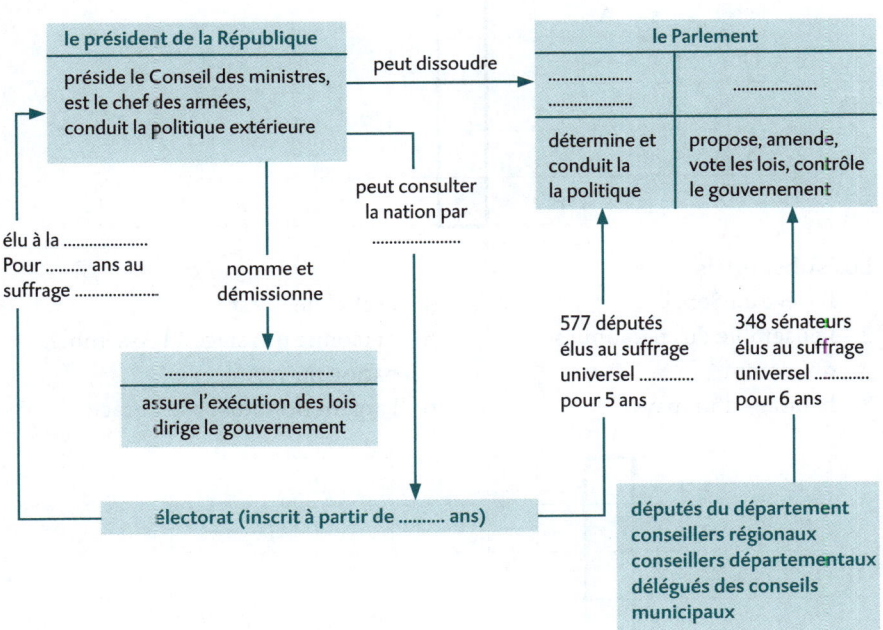

Aufgabe 8 *Jouons avec les mots. Quels sont les mots cachés ?*

Les verbes

1 diriger, faire la gestion de qc.
2 participer à une élection
3 donner l'autorisation
4 être d'accord, antonyme de réprouver
5 antonyme de refuser
6 interdire ou prendre la défense
7 quitter, abandonner sa fonction
8 prendre la suite, antonyme de précéder
9 prendre part à qc.

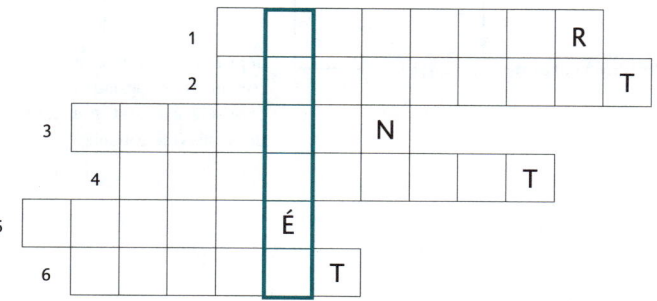

Les substantifs

1 il siège au Sénat
2 l'ensemble des personnes qui votent
3 habitant d'un pays
4 le chef de l'État
5 personne qui siège à l'Assemblée nationale
6 l'argent dont dispose l'État

Le centralisme

Vocabulaire

abandonner	verlassen, aufgeben
administratif, ive	Verwaltungs-
l'agglomération [f.]	Stadt, Ballungsgebiet
l'aménagement du territoire [m.]	Raumplanung
arbitraire	willkürlich
aspirer à qc.	wünschen, sich nach etwas sehnen
autonome	selbstbestimmt, unabhängig
avantageux, euse	vorteilhaft
campagnard, e	ländlich, Landbewohner*in
la capitale	Hauptstadt
la centralisation	Zentralisierung
le chef-lieu	Hauptstadt eines Departements
le chemin de fer	Eisenbahn
le, la citadin, e	Stadtbewohner*in
la compétence	Zuständigkeit, Kompetenz
la concentration	Konzentration
converger	zusammenlaufen
déborder	überlaufen, über die Ufer treten
la décentralisation	Dezentralisierung
déménager	umziehen
la démographie	Bevölkerungsstatistik, Demographie
dépasser	überragen, übersteigen, überholen
le dépeuplement	Entvölkerung
le déséquilibre	Ungleichgewicht
le désert	Wüste
désert, e	unbewohnt, verlassen
la désertification	Verödung, Landflucht
le détriment	Nachteil
la disparité	Ungleichheit
la diversité	Verschiedenheit
l'écart [m.]	Spanne, Abweichung

l'élu local [m.]	gewählter Vetreter auf lokaler Ebene
encombré, e	überladen, vollgestopft
équiper	ausstatten, ausrüsten
essentiel, le	wesentlich
établir	errichten
l'évolution [f.]	Entwicklung, Evolution
exagérer	übertreiben
exiger	(er)fordern
l'exode [m.]	Abwanderung
favoriser	begünstigen
ferroviaire	Eisenbahn-
fuir	fliehen
gênant, e	hinderlich, störend
gérer	verwalten
gigantesque	überdimensional
indispensable	unentbehrlich, unerlässlich
l'inégalité [f.]	Ungleichheit, Ungleichgewicht
l'infrastructure [f.]	Infrastruktur
l'initiative [f.]	Initiative
installer	einrichten, anbringen
monopoliser	sich das Monopol verschaffen
la mutation	Veränderung, Verwandlung
nécessaire	notwendig
l'objectif [m.]	Vorhaben, Ziel
offrir	(an)bieten
le patrimoine	kulturelles Erbe
paysan, ne	Bauer, Bäuerin
prépondérant, e	dominierend, überlegen
la primauté	Vorrang, Führungsposition
propice	günstig
la province	Provinz
la réforme	Reform, Neuerung
la régionalisation	Regionalisierung
relier	verbinden, verknüpfen
renforcer	(ver)stärken
la répartition	Verteilung, Aufteilung
le réseau	Netz
le ressort	Zuständigkeitsbereich
restreint, e	beschränkt, eingeschränkt

le rôle	Aufgabe, Rolle
routier, ière	Straßen-
rural, e	ländlich
les ruraux [m. pl.]	Landbewohner (Pl.)
saturé, e	gesättigt, ausgeschöpft
s'établir	sich niederlassen
se vider	leer werden
le siège social	Gesellschaftssitz
simplifier	vereinfachen
s'installer	sich niederlassen
soulager	entlasten, erleichtern
le soutien	Unterstützung, Hilfe
la subvention	Zuschuss
supplanter	verdrängen
surcharger	überlasten
transférer	verlegen, versetzen, übertragen
l'uniformisation [f.]	Vereinheitlichung
urbain, e	städtisch
urgent, e	dringend

Idiomes et locutions

mettre qc. à la disposition de qn.	L'État met un budget considérable à la disposition des projets régionaux.	jdm. etwas zur Verfügung stellen
mettre en valeur	Le développement du tourisme contribue à la mise en valeur de certaines régions.	zur Geltung bringen, den Wert heben
l'image de marque	La reprise des essais nucléaires a été nuisible à l'image de marque de la France dans le monde.	Ansehen
prendre conscience de qc.	Devant l'exode massif des habitants de certaines régions, le gouvernement a pris conscience de l'urgence d'une politique d'aménagement du territoire.	sich über etwas bewusst werden
relever le défi	Avec l'Airbus la France et l'Allemagne relèvent le défi de la concurrence américaine.	die Herausforderung annehmen

Exercices

Aufgabe 1 *Complétez le tableau.*

substantif	verbe	adjectif
		administratif, ive
la centralisation		
	désertifier	
la gêne		
	nécessiter	
le soutien		– – –
	uniformiser	
		urbain, e
		urgent, e
	régionaliser	
l'autonomie (f.)	– – –	
	réformer	
le transfert		– – –

Aufgabe 2 *Remplacez les mots entre parenthèses par un synonyme.*

a) (Le but) _____ de la régionalisation était la décentralisation du pays.

b) Le manque d'infrastructure (dérange) _____ certaines régions.

c) Il est difficile (de gérer) _____ un pays trop centralisé.

d) La décentralisation était devenue (absolument nécessaire) _____.

e) Les réseaux routiers et ferroviaires (se dirigent tous) _____ vers Paris.

f) Certaines maisons (rurales) _____ manquent encore de confort.

g) (La disparité) _____ des besoins des départements pose des problèmes.

h) Le nombre des habitants de la banlieue parisienne est (énorme) _____ _____.

i) Les ruraux (quittent) _____ la campagne pour chercher du travail à Paris.

j) (Les habitants d'une ville) _____ ont autant de problèmes que les ruraux.

k) L'exode rural a provoqué (le dépeuplement) _____ de beaucoup de régions.

l) Pour (rendre moins compliqué) _____ l'administration de la France, l'État a créé des régions.

fgabe 3 *Cherchez dans la liste de mots et expressions ceux qui correspondent aux définitions.*

> agglomération / avantageux / capitale / Conseil régional / conséquence / décentralisation / démographie / désert / écart / exode / infrastructure / patrimoine d'un pays / réseau ferroviaire / rural / saturé

a) la première ville d'un pays (selon l'importance politique) : _____

b) l'ensemble des installations et des équipements qui sont nécessaires à la production : _____

c) l'étude du nombre d'habitants d'un pays, d'une ville, etc. : _____

d) assemblée d'élus locaux, nommés pour six ans à la tête d'une région, avec des compétences dans le domaine économique, culturel et social : _____

e) une ville, un village, un ensemble
   d'habitations : _____

f) l'ensemble de tous les biens et
   propriétés matériels et culturels
   appartenant à un pays : _____

g) le départ en grand nombre de
   personnes quittant une ville, une
   région, un pays, etc. : _____

h) tout à fait plein/qui ne peut contenir
   plus/à la limite de ses possibilités : _____

i) qui présente des intérêts, des
   avantages (adj.) : _____

j) l'ensemble des lignes de chemin de
   fer : _____

k) un adjectif pour qualifier un endroit
   délaissé, quitté par ses habitants : _____

l) les suites entraînées par une action ou
   un événement : _____

m) la distance, la différence entre
   certaines choses : _____

n) un adjectif qui qualifie ce qui se
   rapporte à la campagne : _____

o) le transfert de certaines compétences
   qui auparavant étaient centralisées : _____

fgabe 4 *Complétez le texte à l'aide des mots suivants. Attention à l'accord !*

> banlieue / capitale / centralisme / crise / démographique / détriment /
> écart / Elysée / gouvernement / grande école / industrie de pointe / média
> / musée / Paris / pollué / prise de conscience / province / qualité de vie /
> secteur / siège social / TGV

Y a-t-il une vie en dehors de Paris ?

Jusque dans les années 60, cette question ne se posait pas. Tout Français désireux

de faire des études dans une des _____[1] nationales, d'avoir un plus

grand choix parmi les offres de postes de travail, de faire carrière dans quelque

_____[2] que ce soit, était obligé d'aller vivre à _____[3].

Comment aurait-il pu en être autrement ? Depuis des siècles, Paris est, et a

toujours été, la _____[4] politique, économique, industrielle et

culturelle de la France.

Capitale politique, puisque le _____[5] y siège et que le président

de la République réside à l'_____[6].

Capitale économique : les grandes banques et les entreprises importantes y ont

leur _____[7]. La haute couture, les parfums, les produits de luxe qui

ont fait la renommée mondiale de la France sont fabriqués à Paris.

Capitale intellectuelle et culturelle où se concentrent les _____[8],

les théâtres, les expositions, les écoles spécialisées et les _____[9]

comme les journaux, la radio et la télévision.

Capitale industrielle, la région parisienne reste le lieu privilégié de l'_____

_____[10] et de la technique spécialisée comme la construction

automobile, la pharmacie, l'électronique.

Ce _____[11] exagéré qui n'a son exemple dans aucun pays d'Europe a fini

par poser des problèmes. Pendant longtemps, le développement de Paris s'est

fait au _____[12] de la province, rendant encore plus injuste l'_____[13]

qui se creusait entre la capitale et le reste de la France. Puis dans les années 70,

la banlieue de Paris a connu une véritable explosion _____[14]. Obligés

de quitter une ville devenue trop chère, trop _____[15], surpeuplée,

encombrée, les Parisiens se sont installés en _____[16] où ils sont venus

grossir le nombre des provinciaux et des immigrés qui continuaient d'affluer.

Aujourd'hui, la _____[17] économique et sociale qui touche autant

sinon plus la région parisienne que la France entière, et le retour à des valeurs

comme la _____[18], les relations familiales et sociales, ont amené les

Parisiens à une _____[19] de leur environnement et de leurs conditions

de vie. Mais c'est surtout le _____[20] (train à grande vitesse qui

met certaines grandes villes à moins de deux heures de Paris) et l'utilisation à

domicile de moyens techniques permettant de travailler chez soi au lieu de se

rendre chaque jour au bureau, qui a amené les habitants de Paris et de la proche

banlieue à tourner leurs regards vers la _____[21] dont ils redé-

couvrent les charmes.

fgabe 5 *Complétez le texte. Traduisez les mots entre parenthèses. Accordez-les si nécessaire.*

La régionalisation

Après la révolution de 1789, les 36 (Provinzen) _____¹ qui composent le territoire français sont remplacées par 83 départements et l'administration économique et politique du pays est centralisée à Paris. Pendant deux siècles, la France voit le rôle de sa (Hauptstadt) _____² prendre de plus en plus d'importance.

Ce centralisme trop lourd à (verwalten) _____³, une (Verwaltung) _____⁴ lente et bureaucratique, l'explosion démographique de Paris et la (Verödung) _____⁵ de certains départements rendent nécessaire une (Reformpolitik) _____⁶ dans l'administration du pays.

Dans les années 60, le général de Gaulle décide de regrouper les départements en régions.

« L'effort multiséculaire de centralisation ne s'impose plus. » C'est avec ces mots que le (Staatsoberhaupt) _____⁷ annonce son intention de lutter contre les méfaits du (Zentralismus) _____⁸ et de remédier au (Ungleichgewicht) _____⁹ économique et social dont souffre la province.

La crise industrielle et la mutation considérable de la production bouleversent la géographie économique de la France, rendant (unentbehrlich) _____ _____¹⁰ et (dringend) _____¹¹ la restructuration de son économie et une nouvelle politique d' (Raumplanung) _____ _____¹².

Ce regroupement pose parfois des problèmes car certains départements, voisins sur le plan géographique, montrent une grande (Verschiedenheit) _____ _____[13] économique et culturelle. Cependant, il y a plusieurs raisons qui conduisent à accélérer la politique de la (Regionalisierung) _____ _____[14] : d'abord, la nécessité de donner aux régions une plus grande (Selbstständigkeit) _____[15], ne serait-ce que pour (entlasten) _____[16] Paris ; après, l'intérêt de voir les problèmes qui (betreffen) _____[17] directement la province réglés sur place par des (örtlich gewählte Vertreter*innen) _____ _____[18] qui connaissent bien les besoins de leurs concitoyens.

Lorsque François Mitterrand applique son programme de changement, il annonce clairement son intention de poursuivre le (Entwicklung) _____ _____[19] régional. « La France a eu besoin d'un pouvoir centralisé pour se faire ; elle a aujourd'hui besoin d'un pouvoir décentralisé pour ne pas se défaire. »

En 2015, on décide de regrouper certaines régions et depuis 2016, il y a 13 régions en France métropolitaine et 5 régions ultra-marines. Un but de cette réforme est de (stärken) _____[20] le pouvoir des régions : les (gewählte Vertreter*innen) _____[21] des régions sont responsables, par exemple, des transports et des lycées.

fgabe 6 *Complétez les phrases suivantes à l'aide des mots donnés (attention à l'acccrd!) et trouvez celles qui se rapportent: (1) au centralisme, (2) à la régionalisation.*

> autonomie / avenir / banlieue / capitale / domination / exode rural / France / Paris / pouvoir central / prépondérant / région / remédier / saturé / siège

	1	2

a) Pour lutter contre l'_____, l'État offre des subventions aux usines qui s'installent dans les régions pauvres. ☐ ☐

b) Quand _____ éternue, c'est toute la _____ qui s'enrhume. (proverbe) ☐ ☐

c) Depuis plus de trois siècles, la France est sous la _____ culturelle et économique de Paris. ☐ ☐

d) Le _____ partage maintenant certaines de ses compétences avec la région et la commune. ☐ ☐

e) Les conseillers généraux prennent les décisions qui concernent la _____. ☐ ☐

f) Paris déborde, explose, la ville est _____. ☐ ☐

g) Le gouvernement, dont tous les ministères ont leur _____ à Paris, assure toutes les fonctions politiques et administratives. ☐ ☐

h) De nouvelles lois permettent de prendre plus rapidement et, par là même, plus efficacement, des initiatives pour _____ aux problèmes des communes. ☐ ☐

i) La volonté affirmée de certaines régions comme la Corse, l'Alsace, la Bretagne, de voir reconnues leurs origines ethniques, leurs différences culturelles, a contribué à développer en province un désir d'_____. ☐ ☐

j) Paris, devenu le symbole de l'unité française, a vu sa primauté augmenter au fil des siècles, ce qui a amené la France à un état de soumission dangereuse à la dictature de sa _____. ☐ ☐

k) Des villes comme Strasbourg, Grenoble, Toulouse, ont su développer une industrie moderne et offrent des perspectives d'_____ aux entrepreneurs. ☐ ☐

Aufgabe 7 *Trouvez le mot caché.*

1 vide, inhabité
2 quitter un logement pour aller habiter ailleurs
3 rendre plus solide, plus fort
4 l'ensemble du matériel dont dispose une usine pour travailler
5 une personne qui travaille dans l'agriculture ou l'élevage des animaux
6 un adjectif qui qualifie une chose très pressée
7 il est à la tête du département
8 adjectif qui qualifie un habitant de la province

9 l'ensemble des gens qui peuplent un pays
10 adjectif se rapportant à la cité, à la ville
11 synonyme de primordial, le plus important
12 déménager, porter ailleurs
13 elles ont au moins quatre voies et elles sont payantes en France
14 l'antonyme du verbe remplir
15 une somme d'argent payée par l'État pour soutenir une action, une entreprise
16 un synonyme du mot désavantage

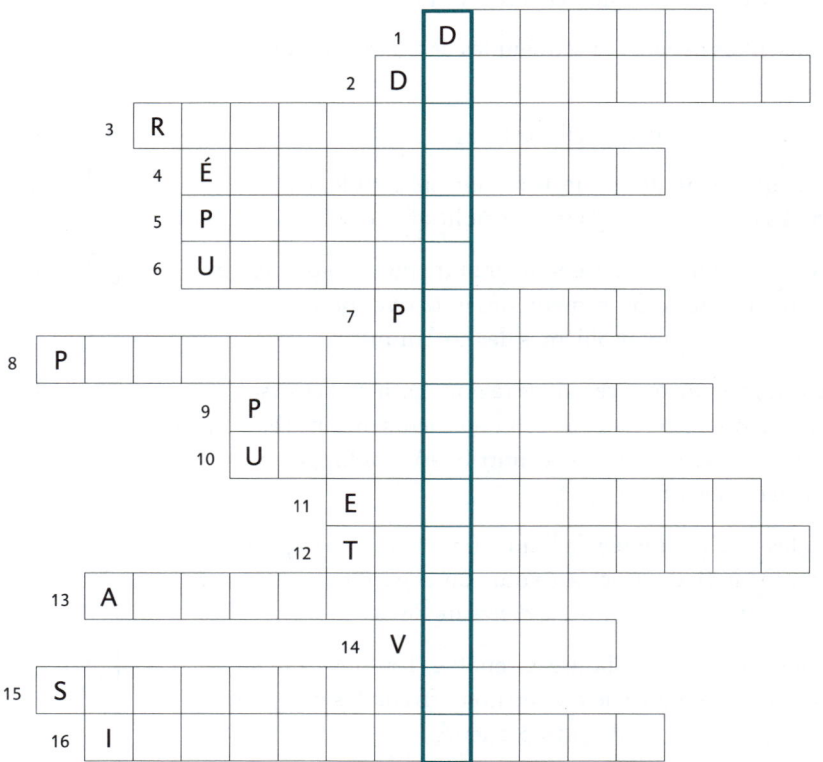

L'économie

Vocabulaire

accélérer	beschleunigen
accroître	vergrößern, erweitern
l'achat [m.]	Kauf
acquérir	erwerben
l'action [f.]	Aktie
l'affaire [f.]	Geschäft, Fall
l'agriculture [f.]	Landwirtschaft
l'austérité [f.]	Sparpolitik
la balance commerciale	Handelsbilanz
le bénéfice	Gewinn
le bilan	Bilanz
la chute	Fall, Sturz
la clientèle	Kundschaft
collectif, ive	gemeinsam, kollektiv
le commerce	Handel
compenser	ausgleichen
la compétitivité	Wettbewerbsfähigkeit
la conjoncture	Konjunktur, Geschäftslage
considérable	beträchtlich
consolider	festigen, verstärken
la consommation	Konsum
constant, e	gleichbleibend, konstant
le contrat	Vertrag (Auftrag, Bestellung)
coûteux, euse	kostspielig
créateur, trice	schöpferisch
le crédit	Kredit
la croissance	Wachstum
le déclin	wirtschaftlicher Niedergang
le déficit	Defizit
la dépense	Ausgabe
la dette publique	Staatsverschuldung
dévaluer	abwerten

le développement	Entwicklung
le domaine	Gebiet, Branche
doubler	verdoppeln
dynamique	dynamisch, aktiv
l'échéance [f.]	Fälligkeitsdatum, Erfüllungstag
éclatant, e	glänzend, offenkundig
économe	sparsam
l'économie [f.]	Wirtschaft
les économies [f. pl.]	Ersparnisse
l'entreprise [f.]	Unternehmen
équilibrer	ausgleichen
l'équipement [m.]	Ausstattung
l'expansion [f.]	Wachstum, Expansion
extérieur, e	Außen-
faire concurrence à	konkurrieren mit
fiscal, e	steuerlich
florissant, e	blühend, gut gehend
les frais [m. pl.]	Unkosten
le gain	Gewinn, Verdienst, Lohn
l'impératif [m.]	Erfordernis
industriel, le	industriell, gewerblich
l'inflation [f.]	Inflation
ingénieux, euse	einfallsreich, erfinderisch
l'insuffisance [f.]	Mangel
intérieur, e	Innen-
l'investissement [m.]	Investition
la marchandise	Ware
le marché intérieur	Binnenmarkt
la matière première	Rohstoff
le méfait	Schaden, schlimme Folge
monétaire	Geld-, Währungs-
la monnaie	Währung
le monopole	Monopol
le moyen	Mittel, Durchschnitt
la nationalisation	Verstaatlichung
paralyser	lahmlegen
le personnel	Personal, Belegschaft
la perte	Verlust

le P.I.B. (produit intérieur brut)	Bruttosozialprodukt
le pourcentage	Prozentsatz
pousser	vorantreiben
la privatisation	Privatisierung
le procédé	Verfahren, Prozess
la production	Produktion
profitable	nützlich, gewinnbringend
le progrès	Fortschritt
la prospérité	Blüte, Wohlstand
rationaliser	rationalisieren
la recette	Einnahme, Steuereinzug
la reconversion	Umgestaltung
réévaluer	aufwerten, neu bewerten
réformer	reformieren
régressif, ive	rückschreitend, rückgängig
relancer	wieder ankurbeln, in Schwung bringen
rembourser	zurückzahlen, tilgen
la rentabilité	Rentabilität
la restructuration	Umstrukturierung
rigide	starr, unbeweglich
la rigueur	Strenge
rivaliser	konkurrieren
le sacrifice	Opfer
(s')adapter à	(sich) anpassen an
le secteur primaire	primärer Sektor
le secteur secondaire	sekundärer Sektor
le secteur tertiaire	Dienstleistungssektor
la sécurité sociale	Krankenkasse
la société anonyme	Aktiengesellschaft
stagner	stagnieren
la subvention	Fördermittel, Subvention
le surplus	Überschuss
le taux d'intérêt	Zinssatz
transformer	ändern
la T.V.A. (taxe à la valeur ajoutée)	Mehrwertsteuer
varier	variieren
la vente	Verkauf

Idiomes et locutions

prendre un essor	L'industrie de l'électronique a pris un essor au cours des années 60.	einen Aufschwung nehmen/erleben
à pas de géant	Le développement de l'industrie de la communication avance à pas de géant.	mit Riesenschritten
être en faillite	Une entreprise en état de déficit, qui ne peut plus payer son personnel et ses dettes, est en faillite.	Konkurs machen
répondre aux besoins de qn./qc.	Dans certaines régions l'infrastructure ne répond pas aux besoins de l'économie.	den Bedürfnissen von etwas/jdm. entsprechen
tenir sa place	L'économie française réussit à tenir sa place dans le marché européen.	sich behaupten
à grands/moindres frais	La France importe le pétrole à grands frais.	zu höheren Kosten/ kostengünstiger
prendre un crédit	Pour pouvoir créer une entreprise, les jeunes patrons sans argent sont obligés de prendre un crédit à la banque.	einen Kredit aufnehmen
prendre le risque de faire qc.	Si les importations dépassent les exportations, la France prend le risque de déséquilibrer sa balance commerciale.	das Risiko eingehen etwas zu tun
rattraper un retard	Dans le domaine de l'industrie, la France doit rattraper un retard sur ses concurrents européens.	(einen Rückstand) aufholen

Exercices

fgabe 1 *Complétez le tableau.*

substantif	verbe	adjectif
l'économie (f.)		
l'industrie (f.)		
		privé, e
	prospérer	
la production		
	commercer	
		gagnant, e
	perdre	
	bénéficier	
		coûteux, euse
	créer	
		concurrentiel, le
	rivaliser	
la nécessité		
		croissant, e
la variation		

Aufgabe 2   *Trouvez les verbes qui se rapportent aux substantifs.*

verbes	substantifs
accélérer	la balance commerciale
diriger	le bénéfice
doubler	la consommation
économiser	une entreprise
équilibrer	la faillite
éviter	le temps et l'argent
prendre	la matière première
réévaluer	des mesures
relancer	la monnaie
restructurer	l'organisation d'un service
subventionner	le personnel
transformer	la vitesse de production

Aufgabe 3   *Testez votre vocabulaire en trouvant un antonyme pour les mots et expressions entre parenthèses.*

a)   Les mesures prises pour lutter contre la crise sont (sans effet) _____.

b)   L'industrie de l'électronique est en plein (déclin) _____.

c)   (Le déficit) _____ enregistré par la télécommunication est très élevé.

d)   La dette de l'État est (insignifiante) _____.

e)   Il faut (ralentir) _____ la production.

f)   (La montée) _____ des prix est inquiétante.

g)   Il faut (réévaluer) _____ la monnaie.

h)   Le développement du tourisme (stagne) _____.

i)   (Les bienfaits) _____ de cette mesure se font déjà sentir.

j)   Dans le domaine des transports publics, l'État est (bénéficiaire) _____.

k)   Pour lutter contre la crise, le gouvernement a choisi une politique (souple) _____.

fgabe 4 *Remplacez les mots entre parenthèses par un synonyme.*

a) L'État accorde (une aide financière) _____ aux entreprises en difficulté.

b) Pour (remettre en marche) _____ l'économie française, il faudrait baisser les taux d'intérêt.

c) La politique d'austérité (exige) _____ de gros sacrifices.

d) La privatisation de certaines entreprises a été (utile) _____ à l'économie du pays.

e) Le tourisme et les loisirs restent des secteurs (prospères) _____.

f) Pour être compétitif il faut (accroître) _____ la production.

g) La restructuration de cette entreprise serait trop (coûteuse) _____.

h) L'industrie agro-alimentaire occupe encore une place (considérable) _____ _____ dans l'économie.

i) (La montée) _____ des prix provoque l'inflation.

j) (La sévérité/dureté/rigidité) _____ de la politique économique est due à la crise.

fgabe 5 *Trouvez, à l'aide de la liste de mots, celui qui correspond à la définition.*

> budget / compétitivité / concurrence / crédit / dette publique / faire des économies / être en faillite / fiscal / inflation / monétaire / nationalisation / recette / secteur primaire

a) une somme d'argent que l'on emprunte : _____

b) pour un commerçant, une entreprise, ne plus pouvoir payer ses dettes : _____

c) le rachat d'une entreprise privée par l'État : _____

d) le domaine économique comprenant l'agriculture, l'élevage, la pêche : _____

e) mettre de l'argent de côté, épargner de
l'argent : _____

f) commerçants et producteurs qui se
disputent les marchés et la clientèle : _____

g) l'argent dont on dispose pour gérer
une entreprise : _____

h) la capacité de supporter sans
problème la concurrence du marché : _____

i) l'argent que l'État s'est engagé à payer
ou à rembourser : _____

j) l'adjectif qui qualifie ce qui a un
rapport avec les impôts : _____

k) une hausse des prix entraînant la
diminution de la valeur d'une
monnaie : _____

l) l'adjectif qualifiant ce qui a un rapport
avec la monnaie : _____

m) total des sommes d'argent reçues : _____

Aufgabe 6 *Complétez les phrases à l'aide de la liste de mots. Accordez-les si nécessaire.*

> affaire / commerce / entreprise / industrie / magasin / société anonyme /
> usine

a) Les _____ du textile et de la métallurgie sont en régression.

b) Les vitrines des _____ doivent attirer les clients.

c) Le _____ international est confronté à une concurrence sévère.

d) Une _____ est fondée par des associés dont la responsabilité
est souvent limitée.

e) Un commerçant qui a réalisé de gros bénéfices a fait une bonne _____.

f) En France, le nombre des grandes _____ industrielles augmente.

fgabe 7 *Traduisez les mots entre parenthèses.*

Comment lutter contre une crise ?

Que faire si un pays fait face à une (Wirtschaftskrise) _____¹ ?

Les propositions pour remédier à ce problème ne manquent pas, mais aucune

n'est vraiment (wirksam) _____². Quand le (Haushaltsdefi-

zit) _____³ augmente, il faut (leihen) _____⁴ pour

pouvoir (tilgen) _____⁵, et le gouvernement a bien du mal à sup-

porter le poids de la (Staatsverschuldung) _____⁶. Pourquoi cette

dette est-elle si importante ?

La (Rezession) _____⁷ entraîne la chute des (Gewinne) _____⁸

et celle des (Steuereinnahmen) _____⁹, le chômage augmente et

coûte de plus en plus cher à l'État qui ne peut plus soutenir les entreprises (mit

Verlust abschließend) _____¹⁰. Pour retrouver une (Wirtschafts-

wachstum) _____¹¹, il faut absolument réduire ce déficit. La

réduction des (Ausgaben) _____¹² publiques, également synonyme

de réduction de la production de biens publics, ne suffira pas à elle seule à

(wieder ankurbeln) _____¹³ l'activité et la croissance économique.

Elle risque, au contraire, d'entraîner (kurzfristig) _____¹⁴ une

augmentation du (Arbeitslosigkeit) _____¹⁵.

Pour faire face aux exigences du XXIe siècle, l'économie française devra se tourner vers les secteurs en pleine (Wachstum) _____16 comme la télécommunication, l'électronique, les nouvelles technologies du transport, le tourisme et les loisirs, autant de domaines où la France et son premier partenaire européen, l'Allemagne, ont les meilleures chances de réussir.

Aufgabe 8 *Complétez le texte à l'aide de la liste de mots. Attention à l'accord !*

> austérité / balance commerciale / compétitif / concurrence / conjoncture /
> consommation / construction / contrat / déficit / équilibrer / exportation /
> faire des économies / hausse / industriel / marché intérieure / mesure /
> nécessité / pouvoir d'achat / produire / relancer / secteur / taux d'intérêt

Les Français face à une crise économique

Devant le chômage qui repart à la _____1, le _____2 de la sécurité sociale qui augmente malgré toutes les _____3 qui sont prises, les Français ont peur de l'avenir. Cette situation qui incite plutôt à _____4 freine la _____5.

La conjoncture internationale est défavorable à la France, les chefs d'entreprise sont pessimistes. L'_____6 reste malgré tout un _____7 qui marche bien. Le vin, les parfums, les produits de luxe, et de gros _____8 industriels comme la _____9 de centrales nucléaires, d'avions et de trains, les télécommunications et la haute technologie permettent à la France d'_____10 sa _____11, même si la _____12 internationale devient de plus en plus dure.

Le _____13 reste stagnant, la consommation des ménages se borne à l'indispensable, la production _____14 ralentit. Pour rester

_____[15], on _____[16] de plus en plus de richesse avec de moins en moins de monde.

Comment créer des emplois quand la _____[17] économique ne suit pas ?

La politique d'_____[18] reste le seul remède à la crise. Les Français sont conscients de la _____[19] de s'adapter à la mondialisation du marché, mais ils veulent voir le résultat des sacrifices qu'ils font, c'est-à-dire le maintien de leur _____[20] et une perspective d'avenir pour leurs enfants.

fgabe 9 *Complétez le texte en traduisant les mots entre parenthèses.*

La « Grande Nation » française à l'ombre du grand frère allemand

Sous le gouvernement de Charles de Gaulle, la France occupait sans conteste la première place dans la (Europäische Gemeinschaft) _____[1] sur le plan politique et économique. Il lui était alors facile de tendre une main bienveillante dans un geste de (Versöhnung) _____[2] avec son voisin allemand. Il en va bien autrement aujourd'hui. La « Grande Nation » est bien obligée de constater que le petit frère de l'Est, autrefois à l'aube de son (industrielle Entwicklung) _____[3], s'est transformé rapidement en un grand frère (mächtiger) _____[4] et plus solide qu'elle.

À l'époque de la (Wiedervereinigung) _____[5], de vieilles peurs que l'on croyait oubliées se font sentir dans les gros titres des journaux du mois d'octobre 1993 : « La France face à la grande Allemagne, Achtung ! », ou encore : « Une Allemagne trop grande pour nous ». Cependant, 1993 fut surtout l'année de la réalisation du grand (europäischer Markt) _____[6] avec

la libre circulation des (Waren) _____ ⁷ et des (Kapital) _____ ⁸.
La peur des Français de voir la remilitarisation de l'Allemagne a fait place à un
esprit de (Konkurrenz) _____ ⁹ auquel vient s'ajouter un sentiment
d' (Bewunderung) _____ ¹⁰ mêlé d'étonnement devant le (Wirt-
schaftswunder) _____ ¹¹ allemand. Jamais le Mark n'a été aussi
fort et la (Macht/Stärke) _____ ¹² de l'économie allemande impres-
sionne particulièrement les Français qui ne manquent jamais de comparer leurs
résultats réciproques et de citer l'Allemagne en exemple. Cette grande (Wohl-
stand) _____ ¹³ de l'Allemagne risque pourtant de se retourner
contre elle. Dans le domaine de l' (Automobilindustrie) _____ ¹⁴
où le poids économique des deux pays est à peu près le même, Mercedes,
symbole de la réussite allemande, a choisi de faire construire sa mini-voiture
Smart non dans le pays de Bade mais à Hambach en Lorraine, ce qui signifie la
perte de 2 500 (Arbeitsplätze) _____ ¹⁵ pour les travailleurs allemands. D'autres (Unternehmen) _____ ¹⁶ ont fait la même chose
pour les mêmes raisons économiques et on constate aujourd'hui que 50 % des
(Stellen) _____ ¹⁷ créés dans le nord-est de la France le sont par
des firmes allemandes. Inutile de dire que dans ces conditions, l'ombre du
« grand frère » est la bienvenue.

gabe 10   C'est bon ou c'est mauvais pour l'économie ?

> bénéfice / clientèle insatisfaite / compétitivité / consommation en hausse /
> création d'emplois / déclin / déficit / dépense incontrôlée / développe-
> ment / être en faillite / expansion / insuffisance de moyens / investisse-
> ment / production coûteuse / progrès / prospérité / rentabilité / stagner /
> taux d'intérêt élevé

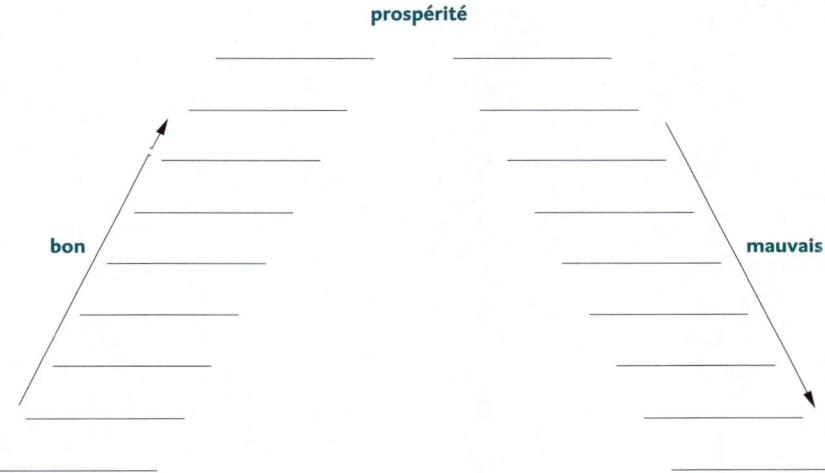

Le monde du travail

Vocabulaire

l'accroissement [m.]	Wachstum
actif, ive	aktiv
l'allocation [f.]	Unterstützung, Beihilfe, Zuschuss
l'angoisse [f.]	Angst, Beklemmung
l'A.N.P.E. (agence nationale pour l'emploi) [f.]	Arbeitsamt
l'apprentissage [m.]	Lehre
avancer	vorwärts kommen
l'avantage [m.]	Vorteil
bas, se	niedrig
le besoin	Bedürfnis
le cadre	leitender Angestellter; Rahmen
la capacité	Fähigkeit
la carrière	Laufbahn
le chômage	Arbeitslosigkeit
la compétence	Fähigkeit, Zuständigkeit
la compétitivité	Wettbewerbsfähigkeit
la concession	Zugeständnis
contester	anzweifeln, bestreiten
le coût	Kosten
craindre	befürchten
la crise	Krise
la croissance	Wachstum
le C.V. (curriculum vitae)	Lebenslauf
le débouché	Absatzmarkt
le, la débutant, e	Anfänger*in
la demande	Nachfrage
le demandeur, euse d'emploi	Stellenbewerber*in
désespéré, e	verzweifelt, hoffnungslos
la difficulté	Schwierigkeit
durable	dauerhaft, von Dauer
échouer	misslingen

économique	wirtschaftlich, sparsam
efficace	wirksam, nützlich
élevé, e	hoch, gesteigert
embaucher	einstellen, anstellen
employer	beschäftigen, benutzen
l'employeur, euse	Arbeitgeber*in
l'expérience [f.]	Erfahrung, Experiment
faire des études [f. pl.]	studieren
faire grève	streiken
la faute de	Schuld von
faute de	aus Mangel an
financier, ière	Geld-, Finanz-, finanziell
le, la fonctionnaire	Beamter
la formation professionnelle	Berufsausbildung
gagner	verdienen, gewinnen
la galère	Schinderei, Plage
la hausse	Hausse, Hoch
(in)certain, e	(un)gewiss, (un)sicher
l'inconvénient [m.]	Nachteil
l'indemnité [f.]	Entschädigung, Schadensersatz
l'inquiétude [f.]	Beunruhigung
licencier	entlassen
la main-d'œuvre	Arbeitskraft
le marché du travail	Arbeitsmarkt
le métier	Beruf
négocier	verhandeln
le niveau de vie	Lebensstandard
occasionner	verursachen
l'offre [f.]	Angebot
l'orientation [f.]	Berufsberatung
l'origine [f.]	Grund, Ursache
ouvrier, ière	Arbeits-, Arbeiter*in
partager	(ver)teilen
le patronat	Arbeitgeber(schaft)
la pauvreté	Armut
pénible	hart, schwer
la perspective	Aussicht, Möglichkeit
les petites annonces [f. pl.]	Kleinanzeigen
le plein emploi	Vollbeschäftigung

postuler	sich bewerben
précaire	prekär, unsicher, heikel
productif, ive	leistungsfähig, produktiv
la profession	Beruf
la promotion	Aufstieg, Beförderung
provisoire	vorübergehend, einstweilig
la qualification	Qualifikation
rassurer	beruhigen, Zuversicht geben
la récession	Rezession
la reconversion	Umschulung, Umstellung
reculer	senken, zurückgehen
redouter	befürchten
réduire	reduzieren
remplacer	ersetzen
rentable	einträglich, rentabel
résister à	trotzen, widerstehen
responsable de	verantwortlich für
la retraite	Ruhestand, Rente
réussir	gelingen
le revenu	Einkommen
le R.M.I. (revenu minimum d'insertion)	Mindestsatz an Sozialhilfe
le salaire	Lohn
le, la salarié, e	Gehaltsempfänger*in
se contenter de	sich zufrieden geben /begnügen mit
le secteur	Branche, Gebiet
la sécurité	Sicherheit
se débrouiller	sich zu helfen wissen
se présenter	sich bewerben, sich vorstellen
se résigner	resignieren, aufgeben
le S.M.I.C. (salaire minimum interprofessionnel de croissance)	Mindestlohn
solliciter	erbitten, beantragen
stable	solide, sicher
le stage	Praktikum
subsister	fortdauern, bestehen bleiben
le syndicat	Gewerkschaft
le taux (de chômage)	(Arbeitslosen)rate

Idiomes et locutions

travailler à temps partiel/à mi-temps	Souvent les mères de famille préfèrent travailler à mi-temps.	Teilzeit arbeiten/halbtags arbeiten
travailler à temps plein/plein temps	Celui qui travaille à temps plein travaille en moyenne huit heures par jour.	Vollzeit arbeiten
toucher un salaire	À la fin de chaque mois les ouvriers touchent un salaire.	ein Gehalt beziehen
être victime du chômage	Les jeunes sans diplômes sont les principales victimes du chômage.	von der Arbeitslosigkeit betroffen sein
exercer une activité professionnelle	Une femme au foyer est une personne qui n'exerce pas d'activité professionnelle.	berufstätig sein
faire preuve de qc.	Elle a fait preuve de beaucoup de courage pendant son chômage.	etwas zeigen/beweisen
vivre au jour le jour	Il n'a aucun revenu, il ne sait pas de quoi demain sera fait, il vit au jour le jour.	in den Tag hinein leben
faire carrière dans qc.	Il a fait carrière dans la police.	bei/in etwas Karriere machen
traverser une crise	Souvent, à l'âge de l'adolescence, les jeunes traversent une crise.	eine Krise durchleben
faire des heures supplémentaires	Quand il y a trop de travail il faut parfois faire des heures supplémentaires.	Überstunden machen
faire les frais de qc.	Ce sont souvent les jeunes qui font les frais de la situation de crise.	unter etwas zu leiden haben
gagner sa vie	Très jeune, il a dû travailler pour gagner sa vie.	seinen Lebensunterhalt verdienen

Exercices

ufgabe 1 *Remplacez les mots entre parenthèses par un synonyme.*

a) Elle (a peur) _____

de perdre son emploi.

b) Le travail à la chaîne est très

(dur) _____.

c) Il faut bien choisir (sa

profession) _____.

d) Il travaille bien, (son chef) _____

est content de lui.

e) Chaque mois, il reçoit (une bonne paie) _____.

f) Nous sommes confrontés à bien des (problèmes) _____.

g) Le coût du personnel est très (haut) _____.

h) L'entreprise a dû (renvoyer) _____ une partie du personnel.

i) Pour obliger la direction à augmenter les salaires, les employés (cessent le

travail) _____.

j) On ne peut plus rien faire pour lui, son cas est (sans espoir) _____

_____.

ufgabe 2 *Remplacez les mots entre parenthèses par un antonyme.*

a) Les usines de cette région (licencient) _____ du personnel.

b) Il a (réussi) _____ son examen.

c) L'avenir est (assuré) _____.

d) Cette solution présente des (avantages) _____.

e) Elle a trouvé un emploi (durable) _____.

f) Le prix de cette voiture est assez (bas) _____.

g) Pour être compétitif il faut (augmenter) _____ le nombre des employés.

h) (La richesse) _____ de la ville se voit dans les rues et dans certains quartiers.

i) La montée du chômage ne (rassure) _____ pas le gouvernement.

Aufgabe 3 *Trouvez le mot qui correspond à la définition.*

a) les offres d'emploi dans un journal : _____

b) un adjectif pour quelque chose qui se rapporte à l'argent : _____

c) le changement dans le domaine professionnel, apprendre un autre métier : _____

d) une personne qui fait un métier manuel dans une usine : _____

e) une personne qui cherche du travail : _____

f) une période au cours de laquelle les choses vont mal : _____

g) une personne sans expérience qui commence à travailler : _____

h) la personne qui vous donne du travail : _____

i) l'aide financière que l'on reçoit quand on est au chômage : _____

j) une institution qui représente les travailleurs et qui défend leurs droits : _____

Aufgabe 4 *Dans les phrases suivantes certains mots sont incomplets.*

a) Le c_____ est un des plus grands problèmes de notre époque.

b) La ca_____ de ce problème est souvent le manque de fo_____
professionnelle.

c) Dans certains pays d'Asie, la m_____ d'œ_____
est souvent très bon marché.

d) Le rev_____ moyen par salarié est très bas.

e) Quand il y a trop de travail, les patrons refusent d'e_____ du personnel et les employés doivent faire des h_____ su_____.

f) Il y a une grande différence entre les riches et les pauvres, l'in_____
des classes sociales grandit.

g) Le par_____ du travail permettrait peut-être de créer des emplois.

h) Les sec_____ de l'informatique, de la technique et de la
recherche offrent encore des déb_____.

i) La croi_____ de la consommation et de la production
ne suffisent pas à résoudre le problème.

j) Les fo_____ sont employés par l'État.

Aufgabe 5 *Traduisez les mots entre parenthèses.*

La course au premier emploi

Chaque année, à la même époque, près de deux cent mille jeunes viennent

grossir le nombre des (Stellenbewerber) _____[1]. Qu'ils soient

diplômés des grandes écoles ou de l'université, tous vont connaître la même

(Angst) _____[2], la même (Plage) _____[3], la même course à

l' (Einstellung) _____[4]. Résultat, des centaines de (Lebensläufe)

_____[5], tous excellents, pour une seule place à pourvoir, des

centaines de lettres adressées à des (Arbeitgeber) _____[6] potentiels

qui souvent ne répondent même pas. Ceux qui daignent répondre expliquent

qu'ils ne veulent pas (einstellen) _____[7] de (Anfänger) _____[8].
Un jeune sans (Berufserfahrung) _____[9], qui n'a fait aucun (Praktikum)
_____[10] en (Unternehmen/Konzern/Firma) _____[11] n'est
pas encore (leistungsfähig) _____[12] et a très peu de chance de trouver
du travail. Comment faire quand le (Arbeitgeber) _____[13] offre si
peu de (Ausbildungsplätze) _____[14] quand les (Bedürfnisse)
_____[15] du marché ne suffisent plus à satisfaire une (Nachfrage)
_____[16] sans cesse croissante ? Certains (Wirtschaftsbranchen)
_____[17] n'offrent plus aucun (Absatzmarkt) _____[18]. Les
promesses successives des ministres ne suffisent plus à calmer l'angoisse des
(Jugendlichen) _____[19] dont l' (Eingliederung) _____[20] dans
le monde du travail devient de plus en plus difficile. Alors, plutôt que de
(aufgeben) _____[21], beaucoup de docteurs, d'ingénieurs, de sur-
diplômés acceptent les « petits boulots ». Ils sont livreurs de pizzas, serveurs
chez McDonald pour un (Lohn) _____[22] de misère, et chaque jour
ils continuent à lire les (Kleinanzeigen) _____[23] dans l'espoir de
trouver enfin le travail correspondant à leur (Qualifikation) _____[24].

fgabe 6 *Complétez le texte en mettant dans le bon ordre les lettres des mots entre parenthèses.*

La reconversion, pourquoi pas ?

« Le travail c'est la santé... » qui ne connaît pas la célèbre chanson qui fut le leitmotiv de toute la génération des années 50 ?

Ce leitmotiv est plus que jamais d'actualité, mais que faire quand les (m s e ô i l p d) _____[1] ne suffisent plus à (a n t r g i a r) _____[2] l'emploi ? Quand le (h é r a c m u d r a l v i a t) _____[3] est saturé ?

Il faut chercher dans d'autres (t e r c u s e s) _____[4] un moyen de (a r g e n g a s i v e) _____[5] ou s'armer de courage et (é r c r e) _____[6] sa propre (p e t i r e n s e r) _____[7].

Quelques jeunes gens, plus audacieux et plus (s a n r p e n t r e n e t) _____ _____[8] que les autres ont osé se lancer dans l'aventure. Plutôt que de (e s é r r i g e n s) _____[9] à accepter le déclassement, ils ont préféré relever le défi et (r ' i s e o r t n e) _____[10] vers des activités souvent différentes de celles auxquelles ils s'étaient préparés.

Avec beaucoup d'(m e h s o i t a n u s e) _____[11] et d'optimisme, ils se sont heurtés à l'administration, aux banques et à toutes les difficultés que représente la création d'une entreprise. Ils ont (s i r u s é) _____[12].

Ils sont devenus leur propre (t o r p a n) _____[13] et ont pu (h e r c u b a m e) _____[14] beaucoup de jeunes, prouvant ainsi que la (v i r c o n r e n e s o) _____[15] est une chose possible et surtout que le (g ô h e m a c) _____[16] n'est pas un mal irrémédiable.

Aufgabe 7 *Complétez le texte à l'aide des mots suivants.*

> allocation chômage / apprenti / carrière / chômage / compétitif / coût /
> difficulté / emploi / galère / licenciement / main-d'œuvre / productif /
> reconversion / retraite / R.M.I. / salaire / se résigner / stage

Les chômeurs de longue durée

Trop jeunes pour la _____[1], trop vieux pour être embauchés, un
drame auquel se voient confrontés de plus en plus d'adultes jusque-là épargnés
par le _____[2]. Les machines qui remplacent avantageusement la
_____[3], le _____[4] du travail de plus en plus élevé, la
fermeture d'un grand nombre d'usines, la nécessité d'être _____[5]
et à la pointe de la technique moderne, autant de facteurs qui ont conduit au
_____[6] de milliers de personnes incapables aujourd'hui de retrouver
un _____[7]. Beaucoup d'entre eux n'ont connu qu'un chantier, qu'une
usine où ils ont commencé à travailler très jeunes comme _____[8]
et où ils espéraient finir leur _____[9]. Mal préparés au combat qu'ils
vont devoir mener, ils ne peuvent rivaliser avec les jeunes diplômés, plus
_____[10], plus flexibles, qui, eux, se contenteront d'un _____[11]
modeste en attendant mieux. La _____[12], mot magique qui signifie
espoir et deuxième chance pour certains, reste le plus souvent synonyme de
_____[13] qui ne mène nulle part, de _____[14] insurmon-
tables à un âge où on a perdu l'habitude d'apprendre. Alors il faudra bien
_____[15], se rendre régulièrement à l'A.N.P.E. afin de garder le droit
à une _____[16] qui diminue un peu chaque mois, et finir par vivre au
jour le jour avec, pour seul revenu, le _____[17] accordé généreusement
aux plus pauvres par une société incapable de trouver une solution à cette
_____[18].

fgabe 8 *Complétez le texte en traduisant les mots entre parenthèses.*

Les syndicats, un (Macht) _____[1] avec lequel il faut compter

L'influence exercée par les syndicats sur la vie économique française est-elle un bien ou un mal ? La réponse sera bien sûr différente selon que vous vous trouvez du côté de l' (Arbeitgeber) _____[2] ou de l' (Arbeitnehmer) _____[3]. Quoi qu'il en soit, tout le monde s'accorde à reconnaître que la plupart des (soziale Vorteile) _____[4] obtenus par les travailleurs sont dus à l'action des syndicats.

Il y a environ 150 ans, des ouvriers décident de se regrouper en (Vereinigungen) _____[5] pour (verteidigen) _____[6] ensemble le peu de droits qu'ils avaient alors. À peine tolérés, très mal vus, ils vont devoir attendre une cinquantaine d'années pour être enfin (anerkannt) _____[7] officiellement par une loi en 1884. Très vite deux syndicats vont se partager les suffrages des (Arbeiter) _____[8] : la C.G.T. (Confédération générale du travail) qui regroupe les ouvriers plus proches d'une politique de gauche, et la C.F.T.C. (Confédération française des travailleurs chrétiens) qui regroupe les travailleurs catholiques qui votent pour une politique de droite. Ces (Teilungen/Spaltungen) _____[9] politiques et idéologiques au sein du monde du travail ne disparaîtront jamais, bien au contraire. Dans les années qui suivent, la France voit naître un grand nombre de syndicats (unabhängig) _____[10] les uns des autres et dont les (Interessen) _____[11] diffèrent, comme par exemple ceux du (Arbeitgeberschaft) _____[12] et des exploitants agricoles. Malgré leur mésentente qui cache souvent une rivalité, les syndicats français obtiennent de grandes victoires dont la plus belle est certainement le droit aux (bezahlter Urlaub) _____[13] en 1936, une loi qui va profondément changer la vie des travailleurs. Ils obtiendront

encore de nombreux avantages comme la réduction du temps de travail, le
(Streikrecht) _____[14], même pour les fonctionnaires, une
(Unterstützung/Beihilfe) _____[15] chômage, une (Versicherung)
_____[16] en cas d'accident du travail, le droit à la (Rente)
_____[17], un (Mindestlohn) _____[18] et une loi contre le
(Entlassung) _____[19] injustifié.

Fort des résultats acquis, le pouvoir des syndicats se fait surtout sentir dans les
(Konflikte) _____[20] sociaux. Des grèves dures et longues dans les
(öffentlicher Verkehr) _____[21] ou la poste ont déjà coûté très cher à la
France et ont bien failli ruiner son économie. Conscient du pouvoir et de
l'influence des syndicats dans le monde du travail, le gouvernement français se
montre toujours très attentif aux (Forderungen) _____[22] des
leaders (gewerkschaftlich) _____[23].

fgabe 9 *Trouvez le mot caché. Il s'agit d'une qualité qu'il faut avoir pour réussir dans la vie professionnelle.*

1 somme d'argent que l'État paie aux chômeurs
2 un avancement professionnel, le fait d'obtenir un emploi supérieur
3 une personne sans emploi
4 la personne ou l'établissement qui vous donne du travail
5 une période de crise économique
6 la période pendant laquelle on apprend un métier
7 une grande peur
8 un désavantage
9 le substantif de l'adjectif capable
10 l'argent que l'on continue de toucher quand on ne travaille plus

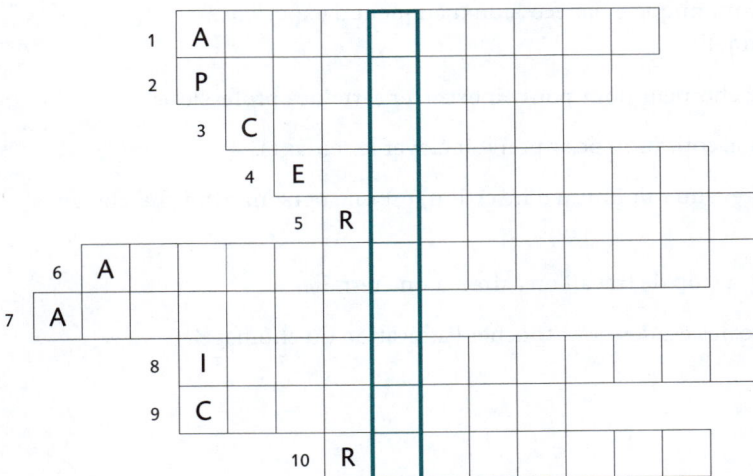

Aufgabe 10   *Les phrases ont été coupées et mélangées. Corrigez-les.*

a)   On peut trouver du travail pour être syndiqué.

b)   Les apprentis sont des employés de l'État.

c)   Les employés font la grève en lisant les petites annonces du journal.

d)   Un demandeur d'emploi est destiné aux personnes sans revenu.

e)   Les fonctionnaires sont des qualités recherchées par les employeurs.

f)   Après avoir travaillé pendant 40 ans il faut faire des heures supplémentaires.

g)   L'expérience et la compétence sont responsables du chomâge.

h)   La crise économique et la récession manquent d'expérience professionnelle.

i)   Il faut être chômeur pour pouvoir excercer certaines professions.

j)   On paie une cotisation pour pouvoir élever les enfants.

k)   Le R.M.I (revenu minimum d'insertion) est une personne qui cherche du travail.

l)   Quand il y a trop de travail on a droit à une retraite.

m)   Il faut faire des études pour toucher l'allocation du chômage.

L'information et la télécommunication

Vocabulaire

La presse

l'abonnement [m.]	Abonnement
s'abonner	abonnieren
l'annonce [f.]	Inserat
annoncer	ankündigen
l'article [m.]	Artikel
la calomnie	Verleumdung
le contenu	Inhalt
la couverture	Titelseite
la critique	Kritik
dénoncer	verraten
l'édition [f.]	Ausgabe
l'éditorial [m.]	Leitartikel
le faire-part	Bekanntgabe
les gros titres [m. pl.]	Schlagzeile
l'hebdomadaire [m.]	Wochenzeitung
l'information [f.]	Nachricht
le journal	Zeitung
le, la lecteur, trice	Leser*in
local, e (adj.)	lokal, örtlich
le magazine	Zeitschrift
mensuel, le (adj.)	monatlich
la météo	Wetterbericht
national, e (adj.)	national
la nouvelle	Nachricht
objectif, ive (adj.)	objektiv
l'objectivité [f.]	Objektivität
paraître	erscheinen

la parution	Erscheinen
le quotidien	Tageszeitung
rédacteur, trice	Redakteur*in
régional, e (adj.)	regional
révéler	enthüllen
la revue	Zeitschrift
la rubrique	Rubrik
la source	Quelle
le sujet	Thema
le tirage	Auflage
la une	Titelseite
vérifier	überprüfen

La télévision

les actualités [f. pl.]	Nachrichten
l'animateur, trice	Moderator*in
l'antenne [f.]	Sender
l'audience [f.]	Einschaltquote
l'audimat [m.]	Einschaltquote
auditeur, trice	Zuhörer*in
capter	empfangen
la chaîne	Kanal, Sender
diffuser	senden, ausstrahlen
distraire	zerstreuen
le documentaire	Dokumentarfilm
émettre	senden
l'émission [f.]	Sendung
l'épisode	Folge (einer Serie)
le feuilleton	Serie
informer	informieren
interrompre	unterbrechen
l'interruption [f.]	Unterbrechung
le jeu télévisé	Fernsehquiz, Spielshow
le lecteur DVD/Blu-ray	DVD-/Blu-ray-Player
la météo	Wettervorhersage
nuisible	schädlich
la préférence	Vorliebe

présentateur, trice	Moderator*in
présenter	moderieren
privé, e	privat
le programme	Programm
la publicité	Werbung
public, que	öffentlich
le public	Publikum
la redevance	Gebühren
le reportage	Reportage
la retransmission	Übertragung
la saison	Staffel
le son	Ton
le sous-titrage	Untertitelung
le taux d'écoute	Einschaltquote
la télécommande	Fernbedienung
le, la téléspectateur, trice	Fernsehzuschauer*in
le téléviseur	Fernseher

L'équipement technique et la numérisation

l'accès [m.]	Zugang
allumer	einschalten
l'appli [f.]	App
la barre de menus	Menüleiste
la barrière de sécurité	Firewall
bloguer	bloggen
brancher	anschließen
la bulle d'information	Filterblase, Informationsblase
charger	laden, aufladen
le chat	Chat
le clavier	Tastatur
la clé USB	USB-Stick
cliquer sur	klicken auf
le code	Kennwort
communiquer par	kommunizieren über
le compte	Account
copier	kopieren
le curseur	Cursor

le disque dur	Festplatte
les données [f. pl.]	Daten
l'écran [m.]	Bildschirm
effacer	löschen
l'e-mail [m.]/le mail	E-Mail
l'enfant [m.] numérique	„Digital Native"
en ligne	online
enregistrer	speichern
le fichier	Datei
le forum (de discussion)	(Diskussions-)Forum
fournir	liefern
l'icône [f.]	Icon, Symbol
l'imprimante [f.]	Drucker
imprimer	drucken
informaticien, ne	Informatiker*in
l'informatique [f.]	Informatik
installer	installieren
l'intelligence [f.] artificielle/IA	künstliche Intelligenz/KI
le lecteur	Laufwerk
le lien	Link
le logiciel	Programm, Software
la mémoire	Speicher
le mot de passe	Passwort
le moteur de recherche	Suchmaschine
le navigateur	(Web-)Browser
le nuage informatique	Cloud
numérique (adj.)	digital
la numérisation	Digitalisierung
l'ordinateur [m.] portable	Laptop
la pièce-jointe	Anhang
planter	abstürzen
la plateforme de partage	Plattform zum Informationsaustausch
le portable	Handy
poster	posten
le réseau social	soziales Netzwerk
sauvegarder	sichern
la sauvegarde	Sicherungskopie, Back-up
se brancher sur	online gehen
se connecter	sich einloggen, sich anmelden

se déconnecter	sich abmelden
le site	Website, Webseite
le smartphone	Smartphone
la souris	Maus
la tablette	Tablet
télécharger	herunterladen
la touche	Taste
le traitement de texte	Textverarbeitung
le virus (informatique)	(Computer-)Virus
la webcam	Webcam
le wi-fi/wifi	WLAN

Idiomes et locutions

La presse

à grand tirage	*Le Monde* est un quotidien à grand tirage.	mit Massenauflage
la presse à sensation	La vie privée de personnes connues est souvent révélée dans la presse à sensation.	Sensationspresse, Regenbogenpresse
atteinte [f.] à la vie privée	La publication de certaines photos est une atteinte à la vie privée.	Einmischung ins Privatleben
faire un procès en diffamation	La victime d'une calomnie peut faire un procès en diffamation.	einen Verleumdungs-prozess führen/ anstrengen
la liberté de la presse	La liberté de la presse devrait être assurée dans tous les États.	Pressefreiheit
un choix large/ restreint	La presse nationale offre un choix large, dans la presse locale, le choix est plus restreint.	große/begrenzte Auswahl
la presse écrite	La presse écrite comprend les journaux et les magazines.	Presse

être en couverture de/faire la couverture de	Les photos des stars de la télévision et du cinéma font la couverture des magazines.	auf der Titelseite sein
mettre une annonce/ faire passer une annonce	On peut mettre une annonce en ligne quand on veut vendre sa voiture.	inserieren

La télévision

donner son avis sur	Les téléspectateurs sont invités à donner leur avis sur l'émission.	seine Meinung äußern zu
passer son temps à	Trop d'enfants passent leur temps à regarder la télévision.	seine Zeit verbringen mit
être content, satisfait/mécontent de	Peu de téléspectateurs sont satisfaits du programme de télé.	zufrieden sein/ unzufrieden sein mit
être câblé, e	ARTE est une chaîne franco-allemande que vous recevez sans être câblé.	verkabelt sein
retransmettre en direct	Les matchs de football sont souvent retransmis en direct.	direkt/live übertragen

L'équipement technique et la numérisation

faire un beug/ faire un plantage	J'ai fait un beug et j'ai perdu toutes mes données.	einen Computer zum Absturz bringen
mettre à jour	Avec cette nouvelle version, je vais mettre mon logiciel à jour.	updaten
créer un site	Chacun peut créer son propre site sur Internet.	eine Website einrichten
avoir accès à	Il faut un mot de passe pour avoir accès à mon ordinateur.	Zugang bekommen/ haben zu
naviguer/surfer sur Internet	En surfant sur Internet on peut obtenir beaucoup d'informations.	im Internet surfen

Exercices

fgabe 1 *Complétez le tableau.*

verbe	substantif	participe passé
		abonné, e
		paru, e
		interrompu, e
		préféré, e
publier		
		retransmis, e
		lu
créer		

fgabe 2 *Trouvez un synonyme pour chaque ex-pression ou chacun des mots suivants :*

a) les gros titres : _____

b) la nouvelle : _____

c) la revue : _____

d) faire passer une annonce : _____

_____

e) le taux d'écoute : _____

f) émettre : _____

g) la présentatrice d'une émission : _____

h) le plantage : _____

i) surfer sur Internet : _____

Aufgabe 3 *Trouvez le mot ou l'expression correspondant à la définition.*

a) avoir sa photo sur la première page
d'un magazine :

_____

b) une rubrique qui vous renseigne sur
le temps qu'il va faire :

_____

c) quelque chose qu'on peut faire quand
on se sent calomnié par les médias :

_____

d) un monsieur qui présente une
émission de télévision :

_____

e) une annonce dans le journal pour
publier un événement privé (mariage,
mort, etc.) :

_____

f) dire ce que l'on pense de quelque
chose :

_____

g) un objet qui permet d'allumer ou
d'éteindre la télé sans se déplacer :

_____

h) le signal lumineux qui montre le
déplacement de la souris sur l'écran
de l'ordinateur :

_____

i) ce qu'il faut faire souvent quand on
travaille sur l'ordinateur pour ne pas
perdre ses données :

_____

j) l'appareil qui vous permet
d'imprimer les données de
l'ordinateur :

_____

k) nom donné à la personne qui surfe
sur Internet :

_____

l) un fichier qu'on ajoute à un mail :

_____

fgabe 4 *Trouvez dans la liste de mots ceux qui appartiennent : (1) à la presse, (2) à la télévision, (3) à l'équipement technique et la numérisation. Attention ! Certains mots peuvent appartenir à plusieurs rubriques différentes.*

	1	2	3
a) le virus	☐	☐	☐
b) le chat	☐	☐	☐
c) la publicité	☐	☐	☐
d) l'information	☐	☐	☐
e) l'écran	☐	☐	☐
f) le quotidien	☐	☐	☐
g) l'article	☐	☐	☐
h) l'imprimante	☐	☐	☐
i) le programme	☐	☐	☐
j) l'animateur	☐	☐	☐
k) la parution	☐	☐	☐

	1	2	3
l) le logiciel	☐	☐	☐
m) l'audimat	☐	☐	☐
n) le site	☐	☐	☐
o) les données	☐	☐	☐
p) la météo	☐	☐	☐
q) l'icône	☐	☐	☐
r) la redevance	☐	☐	☐
s) le wifi	☐	☐	☐
t) la une	☐	☐	☐
u) l'hebdomadaire	☐	☐	☐
v) la navigateur	☐	☐	☐

fgabe 5 Voici des listes de mots pêle-mêle. Essayez de retrouver la place de chaque mot sur les tableaux suivants :

La presse : article / éditeur / éditorial / gros titres / hebdomadaire / journal / journaliste / la une / lecteur / livre / magazine / mensuel / nouvelle / petites annonces / photographe de presse / quotidien / rédacteur / reporter / revue / rubrique / vendeur

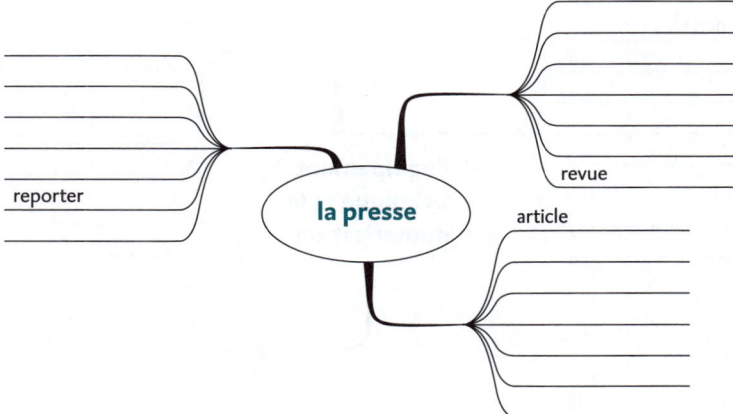

La télévision : acteur / animateur / antenne / auditeur / écran / émission / feuilleton / film / image / jeu télévisé / journal télévisé / météo / présentateur / public / publicité / reporter / satellite / son / télécommande / téléspectateur / téléviseur

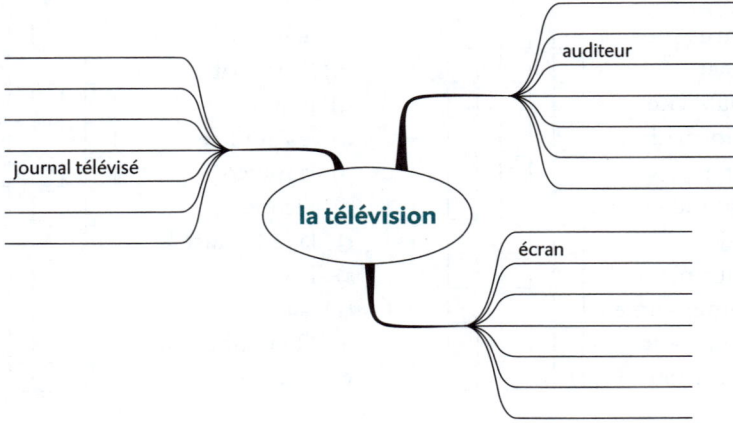

L'équipement technique et la numérisation : clavier / clé USB / cliquer / créer / disque dur / données / écran / enregistrer / fichier / imprimante / installer / Internet / logiciel / mémoire / moteur de recherche / naviguer / ordinateur portable / poster / programme / sauvegarder / se brancher / site / souris / télécharger / touche / virus

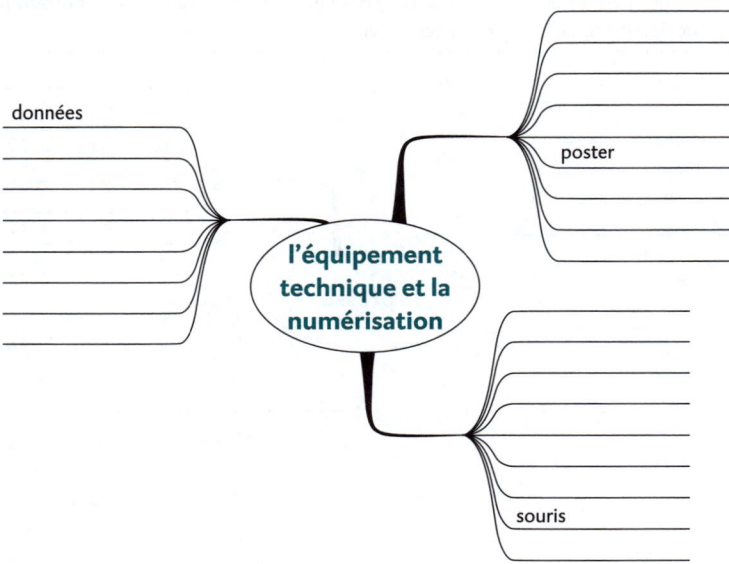

fgabe 6 *Pour trouver le mot caché, remplissez la grille à l'aide des définitions suivantes.*

1 Les nouvelles du jour, les informations du journal télévisé.
2 Elle regarde la télévision.
3 Un film en plusieurs épisodes.
4 On le regarde sur l'ordinateur, à la télé et au cinéma.
5 Elle attire l'attention sur un produit, elle incite à la consommation.
6 Un synonyme de « logiciel ».
7 L'annonce du temps qu'il va faire dans les jours à venir.
8 Il présente une émission de télé ou de radio.
9 ARTE en est une... franco-allemande.
10 On peut le monter ou le descendre pour bien entendre la radio.
11 Il écoute la radio.
12 La taxe à payer pour la télévision.

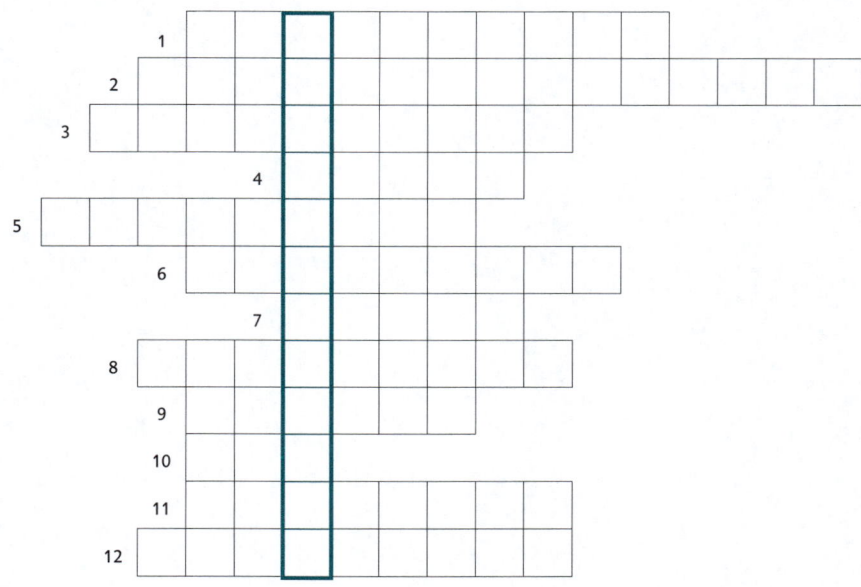

Solutions

La société

fgabe 1

substantif	verbe	adjectif
la diversité	diversifier	divers, e
l'exclusion (f.)	exclure	exclu, e
le mépris	mépriser	méprisable
la naissance	naître	natal, e
la fuite	fuir	fugitif, ive
la solidarité	se solidariser	solidaire
la souffrance	souffrir	souffrant, e
la tolérance	tolérer	tolérable
la haine	haïr	haineux, euse
la faveur	favoriser	favorable
la discrimination	discriminer	discriminatoire
la misère	– – –	misérable
la méfiance	se méfier	méfiant, e
l'accueil (m.)	accueillir	accueillant, e
la pauvreté	appauvrir	pauvre
la terreur	terroriser	terrible

fgabe 2   1 Le combat, 2 indignés, 3 solitude, 4 domicile, 5 misère, 6 naître, 7 L'intégration, 8 émigrer

fgabe 3
a) indifférente
b) le désespoir
c) régresser
d) l'exclusion
e) hostile
f) méfiance
g) mépriser
h) solidaire/généreuse
i) honteux
j) isolés/seuls/solitaires
k) La haine
l) inhumaine, asociale

fgabe 4
a) un marginal
b) mendier
c) une minorité
d) la xénophobie
e) le racisme
f) la misogynie
g) un permis de séjour
h) un clandestin/un sans-papiers
i) la naturalisation
j) un réfugié

k) un préjugé
m) un défavorisé
o) l'intégration/l'insertion
q) un/une bénévole

l) la dégradation
n) un bouc émissaire
p) la détresse
r) la ségrégation

Aufgabe 5 1 pauvres, 2 sac de couchage, 3 sans-abri, 4 papiers, 5 marginaux, 6 société, 7 emploi, 8 logement, 9 vie de famille. 10 échelle sociale, 11 employeur, 12 honte, 13 colère, 14 solitude, 15 désespoir, 16 misère, 17 défavorisés, 18 victimes, 19 inadaptés, 20 plus faibles, 21 conditions de vie, 22 se dégrader, 23 évitent, 24 foyers, 25 passer une nuit, 26 repas chaud, 27 honteux, 28 désespérés, 29 hiver, 30 indifférence, 31 meurent de faim et de froid, 32 foyers/centres d'accueil

Aufgabe 6 1 tolérance, 2 multiracial, 3 diversité, 4 histoire, 5 passé colonial, 6 tradition, 7 terre d'accueil, 8 réfugiés, 9 émigrer, 10 se détériorer, 11 chômage, 12 insécurité, 13 incompréhension, 14 immigrés de la deuxième génération, 15 propagande, 16 tolérants, 17 pacifiques, 18 xénophobes, 19 révoltés, 20 maltraités, 21 peau, 22 étrangers, 23 attaques racistes, 24 solidarité, 25 ségrégation, 26 préjugés

Aufgabe 7 1 avoir faim, 2 avoir froid, 3 financement, 4 détresse, 5 ressources, 6 repas, 7 généreux, 8 solidarité, 9 exemple, 10 bénévoles, 11 dons, 12 travail, 13 hiver, 14 gratuitement, 15 défavorisés, 16 désespérer, 17 survivre

Aufgabe 8 1 égalité des droits, 2 conditions de vie, 3 injustice, 4 préjugés, 5 coutumes, 6 combat, 7 vie professionnelle, 8 considéré comme, 9 discrimination, 10 inégalité des salaires, 11 misogyne, 12 indépendante, 13 célibataire

Aufgabe 9 a) équivalents (1)
c) salaire (1)
e) gratuitement (3)
g) religion (2)
i) politique (1)
k) État (1)
m) chances (2)
o) restos du cœur (3)

b) foyer (3)
d) naturalisation (2)
f) agressé (2)
h) mendier (3)
j) logement (2), (3); travail (2), (3)
l) préjugés (1)
n) foyers, (3)

Les jeunes

fgabe 1

substantif	verbe	adjectif
l' intérêt (m.)	intéresser	intéressant, e
la défense	défendre	défendu, e
l'agression (f.)	agresser	agressif, ive
l'influence (f.)	influencer	influençable
la mort	mourir	mortel, le/mort, e
le vol/voleur, euse	voler	volé, e
la résignation	se résigner	résigné, e
l'aveu (m.)	avouer	avouable
la dépendance	dépendre	dépendant, e
la provocation	provoquer	provocateur, trice/ provocant, e
la transmission	transmettre	transmissible
l'alarme (f.)	alarmer	alarmant, e
la révolte	se révolter	révoltant, e

fgabe 2
a) adultes
b) enseignants
c) se procurer
d) vigilants
e) lutter
f) délinquance
g) agressions
h) s'amuser
i) interdit

fgabe 3
a) une prison
b) une arme
c) une seringue
d) un/une toxicomane
e) agresser, combattre, se battre avec qn., se battre contre qc.
f) la banlieue
g) les drogues dures
h) le trafic
i) une maladie
j) incendier/brûler
k) être mineur, e

fgabe 4
a) SIDA
b) casseurs
c) trafiquants
d) produits de substitution
e) répression
f) manifestation
g) curiosité
h) adultes
i) conflit
j) overdose
k) laxiste
l) délinquance

Aufgabe 5   1 sensations, 2 stupéfaits, 3 goûté, 4 menacés, 5 influençables, 6 expérience, 7 consommation, 8 plaisir, 9 bon marché, 10 dangereuses, 11 victimes, 12 pilules, 13 seringue, 14 SIDA, 15 lutter, 16 difficile, 17 exportation

Aufgabe 6   1 menacés, 2 agressés, 3 détruits, 4 violence, 5 impuissants, 6 faire grève, 7 relations, 8 devoirs, 9 causes, 10 adolescents, 11 victimes, 12 peur, 13 n'osent pas, 14 représailles, 15 comportements, 16 armes, 17 en situation d'échec scolaire, 18 banlieue, 19 insécurité, 20 tension, 21 révoltés, 22 agressions, 23 chantage, 24 épanouissement

Aufgabe 7   1 s'entraîne, 2 corriger, 3 solution, 4 bénévoles, 5 temps-libre, 6 venir en aide, 7 surchargées, 8 milieux sociaux, 9 échec scolaire, 10 remédier, 11 consé-quences, 12 injustice, 13 patience, 14 miracles, 15 réussir, 16 solidarité

Aufgabe 8   La drogue peut être ... consommée; ... dangereuse; ... dure; ... excitante; ... interdite; ... mortelle; ... trafiquée
Les jeunes peuvent être ... agressifs; ... curieux; ... délinquants; ... dépendants; ... influençables; ... mineurs; ... raisonnables; ... séropositifs; ... toxicomanes; ... vigilants

Aufgabe 9

Aufgabe 10   a)   drogue : curiosité, se procurer, goûter, dépendance, cure de désintoxication, guérir
b)   violence : pousser à bout, colère, attaquer, délit, être arrêté par la police, avouer, punir, prison

Les loisirs

fgabe 1

verb	substantif	adjectif	participe passé
se détendre	la détente	détendu, e	détendu, e
souhaiter	le souhait	souhaitable	souhaité, e
passionner	la passion	passionnant, e	passionné, e
pratiquer	la pratique	praticable	pratiqué, e
distraire	la distraction	distrayant, e	distrait, e
contraindre	la contrainte	contraignant, e	contraint, e
ennuyer	l'ennui (m.)	ennuyeux, euse	ennuyé, e
se réjouir	la réjouissance	réjouissant, e	réjoui, e
divertir	le divertissement	divertissant, e	diverti, e
apprécier	l'appréciation (f.)	appréciable	apprécié, e
exiger	l'exigence (f.)	exigeant, e	exigé, e
s'habituer	l'habitude (f.)	habituel, le	habitué, e
envahir	l'invasion (f.)	envahissant, e	envahi, e
interrompre	l'interruption (f.)	– – –	interrompu, e
permettre	la permission	permis, e	permis, e
se reposer	le repos	reposant, e	reposé, e
plaire	le plaisir	plaisant, e	plu, e

fgabe 2
a) interrompt
b) interdisent/défendent
c) se distrait/s'amuse/se divertit
d) s'est fatigué
e) inutile
f) actifs
g) individuel
h) reposé/détendu
i) gratuite
j) éteindre/fermer

fgabe 3
a) apprécier/aimer/profiter de
b) préféré
c) émettre
d) le passe-temps
e) divertissent
f) souhaitait
g) isolement
h) transformé/changé

fgabe 4
a) estival, e
b) hivernal, e
c) printanier, ère
d) durable
e) annuel, le
f) mensuel, le
g) hebdomadaire
h) solitaire/seul, e

fgabe 5
a) une ville au bord de la mer
b) une personne qui regarde la télévision
c) un bureau, magasin où on peut réserver et acheter un billet pour un voyage

d) une personne qui vit à la même époque

e) gagner une compétition, un match, à un jeu, être vainqueur

f) un sport très apprécié et très pratiqué

g) un voyage d'agrément en bateau

h) une personne qui fait du vélo, de la bicyclette

i) une quantité, un tas, beaucoup

j) une longue promenade à pied

k) une personne qui écoute la radio

l) le meilleur dans sa catégorie, celui qui gagne

m) un petit appareil pour zapper, pour changer de chaîne à distance

Aufgabe 6
a) la clientèle
b) estivants, antes, vacanciers, ières
c) la contrainte
d) baigneur, euse
e) le sentier
f) jouir
g) s'évader, fuir, s'en aller
h) quotidien, ne
i) le désir
j) consommateur, trice
k) les colonies de vacances (f. pl.)

Aufgabe 7
1 téléviseur, 2 expérience, 3 choix, 4 détente, 5 habitudes, 6 discuter, 7 héros, 8 films, 9 exclu, 10 allumer, 11 distractions, 12 éteindre

Aufgabe 8

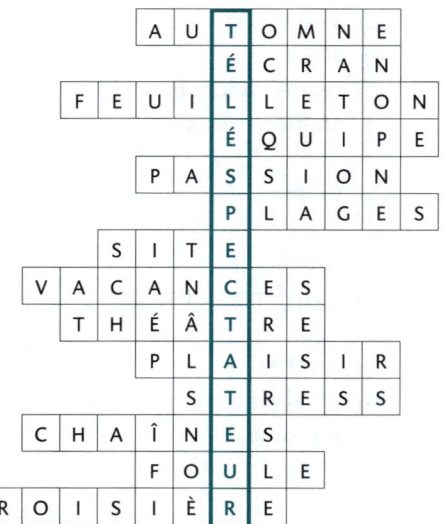

Aufgabe 9

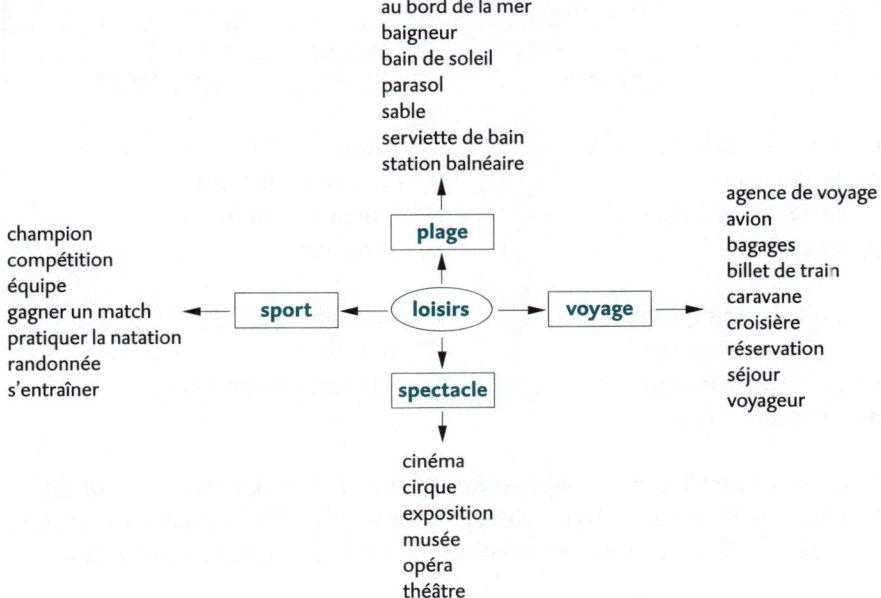

au bord de la mer
baigneur
bain de soleil
parasol
sable
serviette de bain
station balnéaire

agence de voyage
avion
bagages
billet de train
caravane
croisière
réservation
séjour
voyageur

plage

champion
compétition
équipe
gagner un match
pratiquer la natation
randonnée
s'entraîner

sport ← **loisirs** → **voyage**

spectacle

cinéma
cirque
exposition
musée
opéra
théâtre

Aufgabe 10   1 visiteurs, 2 appréciées, 3 vacanciers, 4 plages, 5 stations balnéaires, 6 calme, 7 détente, 8 visitent, 9 randonnées, 10 découvertes, 11 solitude, 12 camping à la ferme, 13 surpeuplées

L'environnement

Aufgabe 1

verbe	substantif	adjectif	participe passé
disparaître	la disparition	disparu, e	disparu, e
promettre	la promesse	prometteur, euse	promis, e
menacer	la menace	menaçant, e	menacé, e
polluer	la pollution	pollueur, euse	pollué, e
préserver	la préservation	préservateur, trice	préservé, e
protéger	la protection	protecteur, trice	protégé, e
ravager	le ravage	ravageur, euse	ravagé, e
survivre	la survie	survivant, e	survécu, e
gaspiller	le gaspillage	gaspilleur, euse	gaspillé, e
nuire	la nuisance	nuisible	nui, e
entreprendre	l'entreprise (f.)	entreprenant, e	entrepris, e
concevoir	la conception	conceptuel, le	conçu, e
purifier	la pureté	pur, e	purifié, e

utiliser	l'utilisation (f.)	utile	utilisé, e
détruire	la destruction	destructeur, trice	détruit, e
empoisonner	le poison	empoisonné, e	empoisonné, e

Aufgabe 2
a) l'augmentation (f.)
b) polluer
c) pollué, sale
d) préserver, sauvegarder
e) le déboisement
f) l'amélioration (f.)
g) coupable
h) insouciant

Aufgabe 3
a) polluer, empoisonner
b) retraiter
c) préserver, protéger
d) nuisible
e) les déchets (m./pl.)
f) détruire, exterminer
g) entraîner/créer

Aufgabe 4
1 survie, 2 Forêt Vierge, 3 sauvegarder, 4 faune, 5 flore, 6 ravager, 7 protéger, 8 déboisent, 9 s'insurge, 10 survie, 11 anéantissons, 12 génétiques, 13 espèces, 14 espèces, 15 Forêt Vierge, 16 destruction, 17 disparition, 18 inhabitable

Aufgabe 5
1 réchauffement, 2 carbone, 3 destruction, 4 Vierge, 5 effet de serre, 6 provoque, 7 entraîner, 8 climatiques, 9 famine, 10 insensibles, 11 menace, 12 insouciance, 13 coupables, 14 mesures, 15 soucieux

Aufgabe 6
a) La protection de la nature signifie préserver notre environnement de la pollution.
b) La faune et la flore est l'ensemble des espèces végétales et animales d'une région déterminée.
c) Un pétrolier perdant du pétrole provoque une marée noire.
d) Les ressources naturelles sont par exemple l'eau, le minerai, la végétation.
e) La nappe phréatique est la couche d'eau souterraine.
f) L'énergie atomique est libérée par la fusion nucléaire.
g) Les gaz polluants sont des émissions nocives sous forme de gaz par exemple les gaz d'échappement.
h) L'irradiation est la contamination par une fuite radioactive.
i) L'effet de serre est provoqué par le lent réchauffement de la terre.

La politique

fgabe 1

verbe	substantif	adjectif	participe passé
élire	l'élection (f.)	électoral, e	élu, e
gouverner	le gouvernement	gouvernemental, e	gouverné, e
appliquer	l'application (f.)	applicable	appliqué, e
dominer	la domination	dominant, e	dominé, e
favoriser	le faveur	favorable	favorisé, e
présider	le président	présidentiel, le	présidé, e
dépendre	la dépendance	dépendant, e	dépendu, e
dissoudre	la dissolution	dissoluble	dissout, e
respecter	le respect	respectable	respecté, e
vouloir	la volonté	volontaire	voulu, e
mentir	le mensonge	mensonger, ère	menti, e

fgabe 2

a) refuser
b) interdire, défendre
c) réprouver, désapprouver
d) illégal, interdit, défendu
e) minoritaire
f) un désaccord, une mésentente
g) uni, réuni, unanime
h) démocratique
i) se méfier de
j) une défaite
k) mentir

fgabe 3

a) les élections municipales
b) les élections législatives
c) les élections présidentielles
d) le quinquennat
e) le référendum, le suffrage universel
f) un électeur, une électrice
g) l'Assemblée nationale
h) démissionner
i) l'opposition
j) la cohabitation

ufgabe 4

1 hommes politiques, 2 électeurs, 3 réprouvent/désapprouvent, 4 gouvernement, 5 avoir été dupé, 6 campagne électorale, 7 mensonges, 8 dirigeants, 9 résultat, 10 radical, 11 modéré, 12 extrême droite, 13 députés, 14 être au-dessus
de tout soupçon, 15 pouvoir, 16 opinion, 17 électorat, 18 mécontentement

ufgabe 5

1 référendum, 2 5 ans, 3 Premier ministre, 4 gouvernement, 5 pouvoir
législatif, 6 pouvoir exécutif, 7 chef de l'État, 8 dissoudre, 9 Assemblée
nationale, 10 Sénat, 11 députés, 12 Parlement

ufgabe 6

1 constitution, 2 chef des armées, 3 défense nationale, 4 désaccord, 5 pouvoir,
6 pleins pouvoirs, 7 loi, 8 démission, 9 gouvernait, 10 Premier ministre

Aufgabe 7

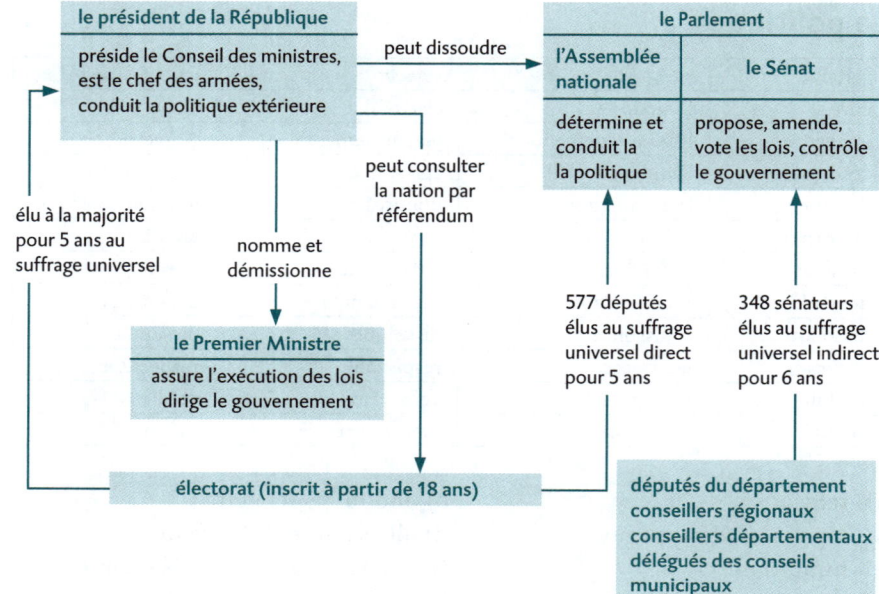

le président de la République		le Parlement	
préside le Conseil des ministres, est le chef des armées, conduit la politique extérieure	peut dissoudre	l'Assemblée nationale	le Sénat
		détermine et conduit la politique	propose, amende, vote les lois, contrôle le gouvernement

peut consulter la nation par référendum

élu à la majorité pour 5 ans au suffrage universel

nomme et démissionne

le Premier Ministre

assure l'exécution des lois
dirige le gouvernement

577 députés élus au suffrage universel direct pour 5 ans

348 sénateurs élus au suffrage universel indirect pour 6 ans

électorat (inscrit à partir de 18 ans)

députés du département
conseillers régionaux
conseillers départementaux
délégués des conseils municipaux

Aufgabe 8

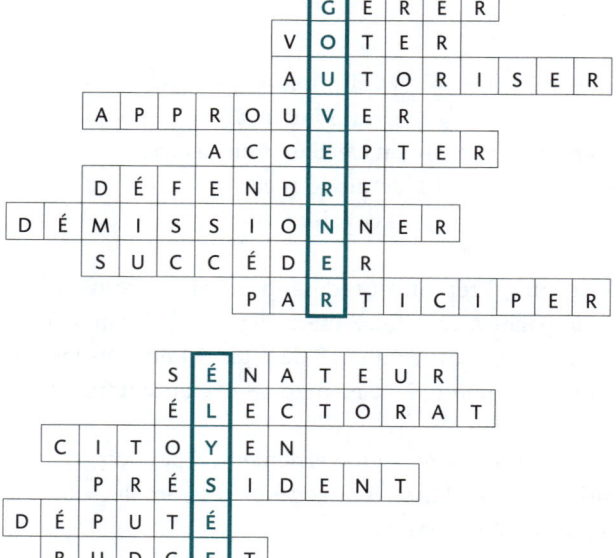

G É R E R
V O T E R
A U T O R I S E R
A P P R O U V E R
A C C E P T E R
D É F E N D R E
D É M I S S I O N N E R
S U C C É D E R
P A R T I C I P E R

S É N A T E U R
É L E C T O R A T
C I T O Y E N
P R É S I D E N T
D É P U T É
B U D G E T

Le centralisme

substantif	verbe	adjectif
l'administration (f.)	administrer	administratif, ive
la centralisation	centraliser	central, e
la désertification	désertifier	désert, e
la gêne	gêner	gênant, e
la nécessité	nécessiter	nécessaire
le soutien	soutenir	– – –
l'uniformité (f.)	uniformiser	uniforme
l'urbanisation (f.)	urbaniser	urbain, e
l'urgence (f.)	urger	urgent, e
la région	régionaliser	régional, e
l'autonomie (f.)	– – –	autonome
la réforme	réformer	réformé, e
le transfert	transférer	– – –

a) L'objectif
b) gêne
c) d'administrer
d) indispensable
e) convergent
f) campagnardes
g) La diversité
h) gigantesque
i) fuient
j) Les citadins
k) la désertification
l) simplifier

a) la capitale
b) l'infrastructure
c) la démographie
d) le Conseil régional
e) une agglomération
f) le patrimoine d'un pays
g) l'exode
h) saturé, e
i) avantageux, euse
j) le réseau ferroviaire
k) désert, e
l) les conséquences
m) l'écart
n) rural, e
o) la décentralisation

1 grandes écoles, 2 secteur, 3 Paris, 4 capitale, 5 gouvernement, 6 Élysée, 7 siège social, 8 musées, 9 médias, 10 industrie de pointe, 11 centralisme, 12 détriment, 13 écart, 14 démographique, 15 polluée, 16 banlieue, 17 crise, 18 qualité de vie, 19 prise de conscience, 20 TGV, 21 province

Aufgabe 5 1 provinces, 2 capitale, 3 gérer, 4 administration, 5 désertification, 6 politique de réforme, 7 chef de l'État, 8 centralisme, 9 déséquilibre, 10 indispensable, 11 urgente, 12 aménagement du territoire, 13 diversité, 14 régionalisation, 15 autonomie, 16 soulager, 17 concernent, 18 élus locaux, 19 développement, 20 renforcer, 21 élus/représentants

Aufgabe 6
a) exode rural (2)
b) Paris, France (1)
c) domination (1)
d) pouvoir central (2)
e) région (2)
f) saturée (1)
g) siège (1)
h) remédier (2)
i) autonomie (2)
j) capitale (1)
k) avenir (2)

Aufgabe 7

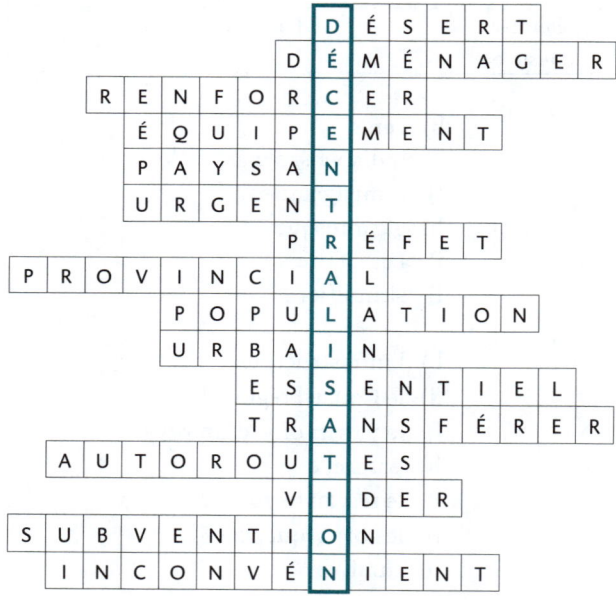

L'économie

substantif	verbe	adjectif
l'économie (f.)	économiser	économique/économe
l'industrie (f.)	industrialiser	industriel, le
la privatisation	privatiser	privé, e
la prospérité	prospérer	prospère
la production	produire	productif, ive
le commerce	commercer	commercial, e
le gain	gagner	gagnant, e
la perte	perdre	perdant, e
le bénéfice	bénéficier	bénéficiaire
le coût	coûter	coûteux, euse
la création	créer	créatif, ive
le, la concurrent, e/ la concurrence	concurrencer	concurrentiel, le
la rivalité/le, la rival, e	rivaliser	rival, e
la nécessité	nécessiter	nécessaire
la croissance	croître	croissant, e
la variation	varier	variable

verbes	substantifs
accélérer	la vitesse de production
diriger	le personnel
doubler	le bénéfice
économiser	le temps et l'argent
équilibrer	la balance commerciale
éviter	la faillite
prendre	des mesures
réévaluer	la monnaie
relancer	la consommation
restructurer	l'organisation d'un service
subventionner	une entreprise
transformer	la matière première

a) efficaces

b) essor/expansion/développement

c) Le bénéfice

d) considérable/importante

e) accélérer

f) La chute/baisse

g) dévaluer

h) progresse

i) Les méfaits

j) déficitaire

k) de rigueur/dure/sévère

Aufgabe 4
a) une subvention   b) relancer
c) nécessite/demande   d) profitable
e) florissants   f) augmenter
g) chère/onéreuse   h) importante
i) La hausse   j) La rigueur

Aufgabe 5
a) un crédit   b) être en faillite
c) la nationalisation   d) le secteur primaire
e) faire des économies   f) la concurrence
g) le budget   h) la compétitivité
i) la dette publique   j) fiscal, e
k) l'inflation   l) monétaire
m) la recette

Aufgabe 6
a) industries   b) magasins
c) commerce   d) société anonyme
e) affaire   f) entreprises

Aufgabe 7   1 crise économique, 2 efficace, 3 déficit budgétaire, 4 emprunter, 5 rembourser, 6 dette publique, 7 récession, 8 bénéfices, 9 recettes fiscales, 10 déficitaires, 11 croissance économique, 12 dépenses, 13 relancer, 14 à brève échéance, 15 chômage, 16 expansion

Aufgabe 8   1 hausse, 2 déficit, 3 mesures, 4 faire des économies, 5 consommation, 6 exportation, 7 secteur, 8 contrats, 9 construction, 10 équilibrer, 11 balance commerciale, 12 concurrence, 13 marché intérieur, 14 industrielle, 15 compétitif, 16 produit, 17 conjoncture, 18 austérité, 19 nécessité, 20 pouvoir d'achat

Aufgabe 9   1 Communauté Européenne, 2 réconciliation, 3 développement industriel, 4 plus puissant, 5 réunification, 6 marché européen, 7 marchandises, 8 capitaux, 9 concurrence, 10 admiration, 11 miracle économique, 12 puissance, 13 prospérité, 14 industrie automobile, 15 places de travail, 16 entreprises, 17 emplois

gabe 10

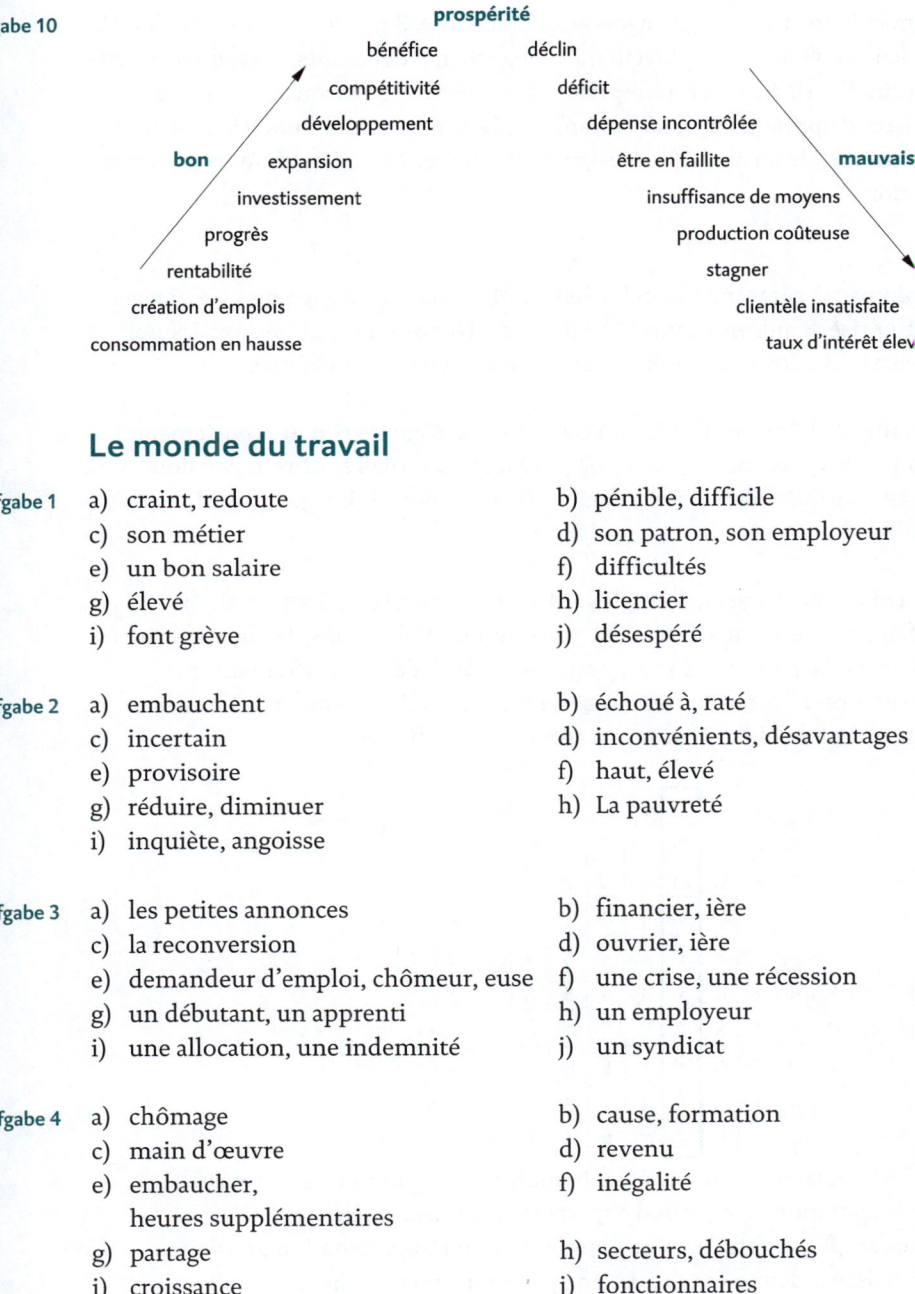

prospérité

bénéfice   déclin

compétitivité   déficit

développement   dépense incontrôlée

bon   expansion   être en faillite   **mauvais**

investissement   insuffisance de moyens

progrès   production coûteuse

rentabilité   stagner

création d'emplois   clientèle insatisfaite

consommation en hausse   taux d'intérêt élevé

Le monde du travail

fgabe 1
a) craint, redoute
b) pénible, difficile
c) son métier
d) son patron, son employeur
e) un bon salaire
f) difficultés
g) élevé
h) licencier
i) font grève
j) désespéré

fgabe 2
a) embauchent
b) échoué à, raté
c) incertain
d) inconvénients, désavantages
e) provisoire
f) haut, élevé
g) réduire, diminuer
h) La pauvreté
i) inquiète, angoisse

fgabe 3
a) les petites annonces
b) financier, ière
c) la reconversion
d) ouvrier, ière
e) demandeur d'emploi, chômeur, euse
f) une crise, une récession
g) un débutant, un apprenti
h) un employeur
i) une allocation, une indemnité
j) un syndicat

fgabe 4
a) chômage
b) cause, formation
c) main d'œuvre
d) revenu
e) embaucher, heures supplémentaires
f) inégalité
g) partage
h) secteurs, débouchés
i) croissance
j) fonctionnaires

Aufgabe 5 1 demandeurs d'emploi, 2 angoisse, peur, crainte, 3 galère, 4 embauche, 5 C.V. (curriculum vitae), 6 employeurs, 7 embaucher, 8 débutants, 9 expérience professionnelle, 10 stage, 11 entreprise, 12 productif, 13 patronat, employeur, 14 places d'apprentissage, 15 besoins, 16 demande, 17 secteurs, 18 débouché, 19 jeunes, 20 insertion, 21 se résigner, 22 salaire, 23 petites annonces, 24 qualification

Aufgabe 6 1 diplômes, 2 garantir, 3 marché du travail, 4 secteurs, 5 gagner sa vie, 6 créer, 7 entreprise, 8 entreprenants, 9 se résigner, 10 s'orienter, 11 enthousiasme, 12 réussi, 13 patron, 14 embaucher, 15 reconversion, 16 chômage

Aufgabe 7 1 retraite, 2 chômage, 3 main d'œuvre, 4 coût, 5 compétitif, 6 licenciement, 7 emploi, 8 apprenti, 9 carrière, 10 productifs, 11 salaire, 12 reconversion, 13 stage, 14 difficultés, 15 se résigner, 16 allocation chômage, 17 R.M.I., 18 galère

Aufgabe 8 1 pouvoir, 2 employeur, 3 employé, 4 avantages sociaux, 5 associations, 6 défendre, 7 reconnus, 8 travailleurs/ouvriers, 9 divisions, 10 indépendants, 11 intérêts, 12 patronat, 13 congés payés, 14 droit de grève, 15 allocation, 16 assurance, 17 retraite, 18 salaire minimum, 19 licenciement, 20 conflits, 21 transports publics, 22 revendications, 23 syndicaux

Aufgabe 9

A	L	L	O	C	A	T	I	O	N
	P	R	O	M	O	T	I	O	N
		C	H	Ô	M	E	U	R	
			E	M	P	L	O	Y	E	U	R
				R	É	C	E	S	S	I	O	N
	A	P	P	R	E	N	T	I	S	S	A	G	E
A	N	G	O	I	S	S	E		
		I	N	C	O	N	V	É	N	I	E	N	T
		C	A	P	A	C	I	T	É	
			R	E	T	R	A	I	T	E	

Aufgabe 10 a) On peut trouver du travail en lisant les petites annonces du journal.

b) Les apprentis manquent d'expérience professionnelle.

c) Les employés font la grève pour obtenir une augmentation de salaire.

d) Un demandeur d'emploi est une personne qui cherche du travail.

e) Les fonctionnaires sont des employés de l'État.

f) Après avoir travaillé pendant 40 ans on a droit à une retraite.

g) L'expérience et la compétence sont des qualités recherchées par les employeurs.

h) La crise économique et la récession sont responsables du chômage.

i) Il faut être chômeur pour toucher l'allocation du chômage.

j) On paie une cotisation pour être syndiqué.

k) Le R.M.I (revenu minimum d'insertion) est destiné aux personnes sans revenu.

l) Quand il y a trop de travail il faut faire des heures supplémentaires.

m) Il faut faire des études pour pouvoir exercer certaines professions.

L'information et la communication

Aufgabe 1

verbe	substantif	participe passé
s'abonner	l'abonnement (m.)	abonné, e
paraître	la parution	paru, e
interrompre	l'interruption (f.)	interrompu, e
préférer	la préférence	préféré, e
publier	la publication	publié, e
retransmettre	la retransmission	retransmis, e
lire	lecteur, trice/la lecture	lu, e
créer	la création	créé, e

Aufgabe 2

a) la une/ la couverture

b) l'information

c) le magazine

d) mettre une annonce

e) l'audimat, l'audience

f) retransmettre/diffuser

g) l'animatrice

h) le beug

i) naviguer sur Internet

Aufgabe 3

a) faire la couverture/être en couverture/faire la une

b) la météo

c) faire un procès en diffamation

d) un animateur, un présentateur

e) un faire-part

f) donner son avis sur

g) une télécommande
h) la flèche mobile/le curseur
i) sauvegarder ses données
j) une imprimante
k) un, e internaute
l) la pièce-jointe

Aufgabe 4

	1	2	3			1	2	3
a) le virus	☐	☐	✓	l) le logiciel		☐	☐	✓
b) le chat	☐	☐	✓	m) l'audimat		☐	✓	☐
c) la publicité	✓	✓	✓	n) le site		☐	☐	✓
d) l'information	✓	✓	✓	o) les données		☐	☐	✓
e) l'écran	☐	✓	✓	p) la météo		✓	✓	✓
f) le quotidien	✓	☐	☐	q) l'icône		☐	☐	✓
g) l'article	✓	☐	☐	r) la redevance		☐	✓	☐
h) l'imprimante	☐	☐	✓	s) le wifi		☐	☐	✓
i) le programme	☐	✓	✓	t) la une		✓	☐	☐
j) l'animateur	☐	✓	☐	u) l'hebdomadaire		✓	☐	☐
k) la parution	✓	☐	☐	v) le navigateur		☐	☐	✓

Aufgabe 5

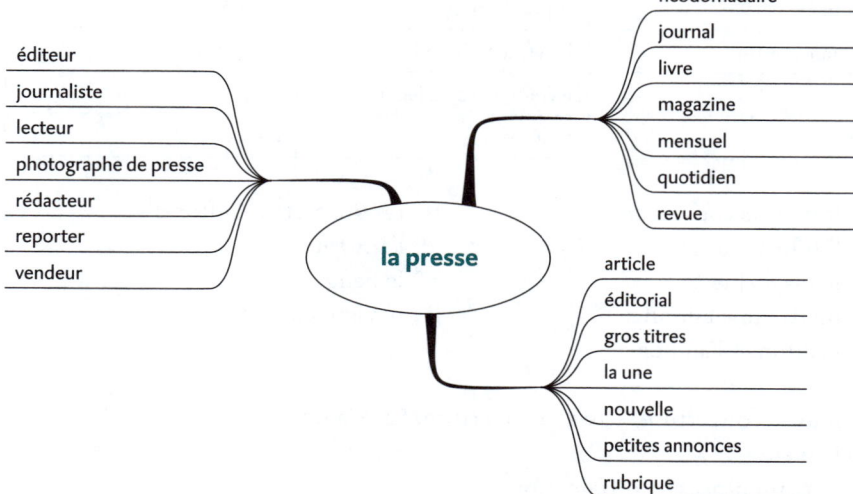

éditeur
journaliste
lecteur
photographe de presse
rédacteur
reporter
vendeur

hebdomadaire
journal
livre
magazine
mensuel
quotidien
revue

la presse

article
éditorial
gros titres
la une
nouvelle
petites annonces
rubrique

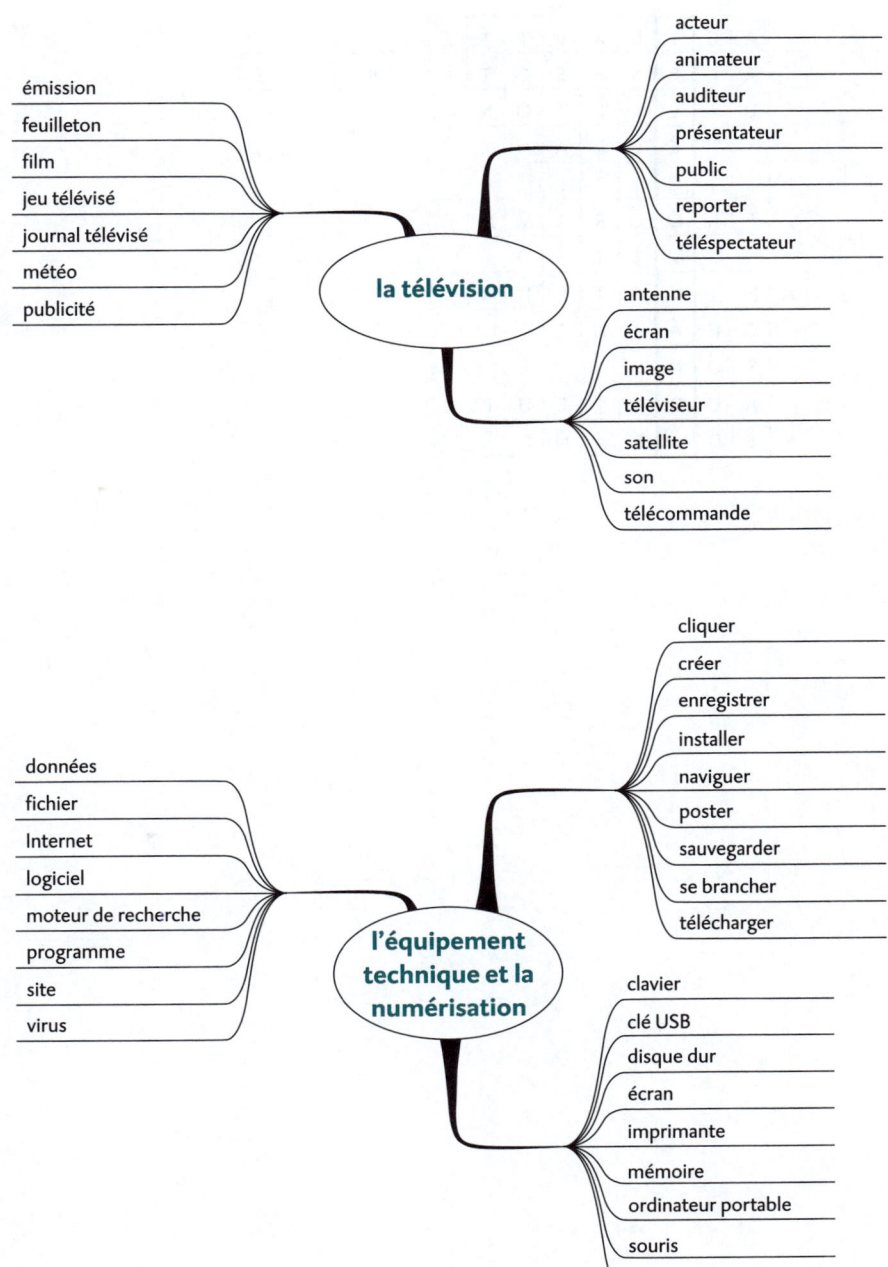

la télévision

émission
feuilleton
film
jeu télévisé
journal télévisé
météo
publicité

acteur
animateur
auditeur
présentateur
public
reporter
téléspectateur

antenne
écran
image
téléviseur
satellite
son
télécommande

l'équipement technique et la numérisation

données
fichier
Internet
logiciel
moteur de recherche
programme
site
virus

cliquer
créer
enregistrer
installer
naviguer
poster
sauvegarder
se brancher
télécharger

clavier
clé USB
disque dur
écran
imprimante
mémoire
ordinateur portable
souris
touche

Aufgabe 6

Crossword solution grid:

- A C **T** U A L I T E S
- T É L **É** S P E C T A T R I C E
- F E U I **L** L E T O N
- **É** C R A N
- P U B L I **C** I T E
- P R **O** G R A M M E
- **M** É T É O
- A N I **M** A T E U R
- C H **A** Î N E
- S O **N**
- A U **D** I T E U R
- R E D **E** V A N C E

famille de mots	dt. Bedeutung	contexte/définition	synonyme/antonyme
abaisser	*absenken*	Pour abaisser le taux de pollution de l'air, on a dû interdire la circulation.	= diminuer ≠ augmenter
abandonné, e	*verlassen, verödet*	On trouve des villages abandonnés dans les campagnes françaises.	= déserté, délaissé
abandonner	*verlassen, aufgeben*	Les agriculteurs abandonnent les fermes qui ne sont plus rentables.	= déserter, quitter
abdiquer	*abdanken*	Renoncer à une fonction, au pouvoir, c'est abdiquer.	= démissionner
abîmer	*beschädigen*	La pollution abîme l'environnement.	= détruire, ≠ sauvegarder
abolir **l'abolition** [f.]	*abschaffen* *Abschaffung*	Il faut abolir la peine de mort dans le monde entier. Lincoln a voulu l'abolition de l'esclavage aux États-Unis.	= supprimer = suppression
abonnement [m.]	*Abonnement*	On peut prendre un abonnement et le résilier quand on n'en veut plus.	
s'abonner	*abonnieren*	Beaucoup de Français s'abonnent à Canal+, une chaîne de télévision privée très populaire.	
abonné, e	*Abonnent, -in*	Les abonnés du téléphone paient une redevance.	
absolu, e	*absolut*	Le dictateur a un pouvoir absolu.	= total, complet, ≠ limité
accélérer	*beschleunigen*	Pour accélérer la production, on remplace l'homme par des robots.	= augmenter la vitesse ≠ ralentir
acceptable **accepter**	*annehmbar* *annehmen*	Cette proposition n'est pas acceptable, nous la refusons. Il est d'accord, il accepte.	≠ inacceptable = consentir, ≠ refuser
accès [m.]	*Zugang*	Il faut payer pour avoir accès à Internet.	

famille de mots	dt. Bedeutung	contexte/définition	synonyme/antonyme
l'accord [m.]	Übereinstimmung, Zustimmung	Le Président a parfois besoin de l'accord du Premier ministre.	= consentement ≠ désaccord
accorder	zubilligen	La France accorde le droit d'asile aux réfugiés politiques.	= consentir à donner ≠ refuser
accroissement [m.]	Zuwachs, Zunahme	L'accroissement de la population mondiale pose un problème grave.	= augmentation ≠ diminution
accroître	vergrößern, erweitern	Il faut accroître la production pour être compétitif.	= augmenter, ≠ diminuer
accueil [m.] accueillant, e accueillir	Empfang, Aufnahme (gast)freundlich empfangen	Des hôtesses s'occupent de l'accueil des visiteurs. La France est un pays accueillant. On a ouvert des foyers pour accueillir les sans-abri.	= réception, ≠ renvoi = amical, ≠ hostile ≠ repousser, renvoyer
achat [m.]	Kauf	Les travailleurs gardent leur pouvoir d'achat.	= acquisition, ≠ vente
acide	säurehaltig	Les pluies acides détruisent la forêt.	
acquérir	erwerben	On peut acquérir des actions et les revendre.	= acheter, ≠ vendre
actif, ive activité [f.]	aktiv Aktivität	Cette personne très active a beaucoup d'occupations. La randonnée est une activité sportive.	= vif, dynamique, ≠ passif = occupation
actualités [f. pl.]	(aktuelle) Nachrichten	Les actualités passent tous les jours à la télé.	= les infos
adaptation [f.]	Anpassung	L'adaptation de notre organisme à l'air pollué sera nécessaire.	= acclimatisation ≠ inadaptation
(s')adapter	(sich) anpassen	Les plantes s'adaptent au climat.	= s'habituer
adhérent, e adhérer	Mitglied anhaften, zugehören	Les adhérents du club reçoivent une carte de membre. Pour agir contre le racisme, vous pouvez adhérer au club « S.O.S. racisme ».	= membre, adepte = souscrire, faire partie

famille de mots	dt. Bedeutung	contexte/définition	synonyme/antonyme
administratif, ive	Verwaltungs-	Ce monsieur est directeur administratif de l'usine.	
administration [f.]	Verwaltung	L'administration de la ville se fait à la mairie.	= gestion
administrer	verwalten	Le maire administre la commune.	= gérer, diriger
adolescence [f.]	Jugend	L'adolescence est un âge souvent difficile.	
adolescent, e	Jugendliche(r)	Les adolescents aiment travailler avec l'ordinateur.	= les jeunes
adulte [m.]	Erwachsener	Les adultes oublient parfois qu'ils ont été jeunes.	= les grandes personnes
affaire [f.]	Geschäft; Fall	Ses mauvaises affaires l'ont conduit à la faillite.	= marché, commerce
affirmation [f.]	Behauptung	La police doit vérifier les affirmations du témoin.	= déclaration, ≠ négation
affirmer	behaupten	La police affirme connaître les coupables.	= déclarer, prétendre, ≠ nier
agence [f.] de voyage	Reisebüro	Dans une agence de voyage on peut réserver un billet d'avion.	
agence [f.] nationale pour l'emploi (A.N.P.E.)	Arbeitsagentur, Arbeitsamt	L'A.N.P.E. aide les chômeurs à trouver du travail.	
agent [m.] (de police)	Polizist	Les témoins du vol ont appelé un agent de police.	= gendarme
agglomération [f.]	Stadt, Ballungsgebiet	On ne doit pas rouler à plus de 50 km/h dans une agglomération.	= ville, zone urbaine
aggravation [f.]	Verschlimmerung	L'aggravation de la pollution doit cesser.	≠ amélioration
(s')aggraver	(sich) verschlimmern	Le malade va plus mal, son état s'aggrave.	= empirer, ≠ (s')améliorer
grave	schlimm	Le cancer est une maladie grave.	= sérieux, ≠ bénin
agresser	angreifen	On a agressé une dame pour lui voler son argent.	= attaquer, ≠ défendre
agresseur, euse	Angreifer, -in	Les agresseurs ont été arrêtés par la police.	≠ défenseur, protecteur
agressif, ive	aggressiv	Il parle sur un ton agressif.	= provocant, ≠ défensif

famille de mots	dt. Bedeutung	contexte/définition	synonyme/antonyme
agression [f.]	Angriff, Überfall	Les gens âgés sont souvent victimes d'agressions.	= attaque, ≠ défense
agricole	landwirtschaftlich	Les agriculteurs se regroupent en coopératives agricoles.	
agriculteur, trice agriculture [f.]	Landwirt, -in Landwirtschaft	Le nombre des agriculteurs diminue. L'agriculture française s'est spécialisée et regroupée pour rester rentable.	= cultivateur
aîné, e	Älteste(r)	L'aîné de ces enfants n'est pas encore majeur.	= le plus âgé, ≠ cadet
alarmant, e alarme [f.] alarmer	beängstigend Alarm alarmieren	La violence à l'école devient alarmante. La sirène donne l'alarme devant le danger. Il faut alarmer l'opinion publique sur les ravages causés par la drogue.	= inquiétant, ≠ rassurant = alerte = alerter, inquiéter ≠ rassurer, calmer
alcool [m.] alcoolique [m./f.] [subst./adj.] alcoolisme [m.]	Alkohol Alkoholiker, -in; alkoholisch Alkoholsucht	Il est interdit de vendre de l'alcool aux enfants mineurs. Quand on boit régulièrement trop d'alcool, on devient alcoolique. On peut guérir l'alcoolisme par une cure de désintoxication.	
alerte [f.] alerter	Alarm alarmieren	L'avion a été évacué après une alerte à la bombe. Il a fallu alerter les pouvoirs publics sur le danger de contamination.	= alarme = alarmer ≠ rassurer, calmer

famille de mots	dt. Bedeutung	contexte/définition	synonyme/antonyme
aliment [m.]	Nahrungsmittel	Le pain est un aliment important en France.	= nourriture
alimentaire	Nahrungs-, Ernährungs-	La santé dépend d'un bon régime alimentaire.	= nutritif
alimentation [f.]	Ernährung, Nahrung	L'alimentation des jeunes est importante pour leur croissance.	= nourriture
alimenter	versorgen, ernähren	La Forêt est alimentée en eau par les pluies.	= fournir, nourrir
allocation [f.]	Beihilfe, Zuschuss	Les chômeurs touchent une allocation de chômage.	= indemnité
allumer	einschalten	Il faut allumer la lampe quand il fait nuit.	≠ éteindre
amélioration [f.]	Verbesserung	Les syndicats ont contribué à l'amélioration des conditions de vie professionnelle.	≠ aggravation
améliorer	verbessern	La lutte contre la pollution permet d'améliorer la qualité de l'air.	= rendre meilleur ≠ empirer, aggraver
meilleur, e	besser	On dit que le cheval est le meilleur ami de l'homme.	≠ pire
aménager	einrichten, umwandeln	La ville a aménagé plusieurs terrains en jardins publics.	= installer, transformer
anéantir	vernichten	L'éruption du volcan pourrait anéantir la ville.	= détruire, ≠ construire, créer
anéantissement [m.]	Vernichtung	Un échec serait l'anéantissement de tous nos espoirs.	= destruction, disparition
angoissant, e	beklemmend, Furcht erregend	La montée de la violence dans les écoles est angoissante.	= inquiétant, ≠ rassurant
angoisse [f.]	Angst, Beklemmung	Trop de jeunes vivent dans l'angoisse du chômage.	= inquiétude, peur
angoisser	ängstigen	La fermeture de nombreuses entreprises angoisse les travailleurs.	= inquiéter, effrayer ≠ rassurer

famille de mots	dt. Bedeutung	contexte/définition	synonyme/antonyme
animateur, trice	*Moderator, -in*	L'animateur présente une émission.	= présentateur
annuel, le	*jährlich*	Pâques et Noël sont des fêtes annuelles.	
annonce [f.] **annoncer**	*Inserat* *ankündigen*	Les petites annonces paraissent dans le journal. On peut annoncer une mort avec un faire-part.	
annuler	*löschen*	Sur le clavier, une touche permet d'annuler une donnée.	= effacer
antenne [f.]	*Sender*	France 2 est une antenne publique française	= chaîne
applicable	*anwendbar*	Cette loi n'est pas applicable aux mineurs de moins de 16 ans.	= praticable, utilisable ≠ inapplicable
application [f.]	*Anwendung*	L'application de la loi sur l'immigration pose des problèmes de conscience.	= mise en pratique ≠ inutilisation
appliquer	*anwenden*	Le pouvoir judiciaire se charge de faire appliquer les lois.	= mettre en pratique ≠ inutiliser
appréciable	*beachtlich*	L'État consacre une somme d'argent appréciable au budget de la défense.	= importante, sensible ≠ négligeable, insignifiant
apprécier	*schätzen, lieben*	Le jeu de boules est très apprécié des Français.	= aimer, estimer ≠ mésestimer
précieux, euse	*kostbar*	L'or est un métal précieux.	= d'une grande valeur ≠ sans valeur
apprenti, e **apprentissage** [m.]	*Lehrling* *Lehre*	Un apprenti apprend à exercer un métier. En France, l'apprentissage de certains métiers peut se faire dans un lycée d'apprentissage.	
approuver	*billigen*	Tous les partis politiques ont approuvé la nouvelle loi.	≠ désapprouver

famille de mots	dt. Bedeutung	contexte/définition	synonyme/antonyme
arbitraire	willkürlich	Un pouvoir arbitraire est contraire à la démocratie.	= autoritaire, ≠ libéral
arme [f.]	Waffe	Le revolver est une arme à feu.	
armer	bewaffnen	Une bande armée a attaqué des touristes.	≠ désarmer
arrestation [f.]	Festnahme	La police procède à une arrestation.	= capture, ≠ libération
arrêt [m.]	Halt, Stillstand	Ne descendez pas avant l'arrêt complet du bus.	= stop, ≠ continuation
arrêter	festnehmen; aufhören	La police a arrêté les coupables.	= appréhender, ≠ libérer
assainir	reinigen, sanieren	Il faut assainir l'eau non potable avant de la boire.	= purifier, ≠ polluer
assainissement [m.]	Sanierung	L'assainissement de l'eau des rivières sauve les poissons.	≠ pollution, dégradation
sain, e	gesund	L'air pollué n'est pas sain, il est nocif à la santé.	≠ malsain, pollué
santé [f.]	Gesundheit	Après une longue maladie il a retrouvé la santé.	≠ maladie
Assemblée Nationale [f.]	Nationalversammlung	Les députés siègent à l'Assemblée Nationale où ils discutent et proposent les lois.	
association [f.]	Verein, Vereinigung	Un club de foot est une association sportive.	= groupement
(s')associer	(sich) vereinigen	Ils se sont associés pour lutter ensemble contre la crise.	= réunir, grouper ≠ séparer, isoler
assurance [f.]	Versicherung; Sicherheit	L'assurance sociale paie une partie des frais occasionnés par la maladie.	= garantie, certitude ≠ incertitude
assurer	gewährleisten	La police est présente pour assurer la sécurité.	= garantir
sûr, e	sicher	Je ne suis pas sûr que vous ayez raison.	= certain, ≠ incertain
astronaute [m.]	Astronaut	Les astronautes sont les voyageurs de l'espace.	= cosmonaute

famille de mots	dt. Bedeutung	contexte/définition	synonyme/antonyme
attaque [f.] (s')attaquer	Angriff angreifen	Les attaques à main armée sont punies de prison ferme. Cette maladie s'attaque surtout aux animaux.	= agression, ≠ défense = agresser, combattre ≠ défendre
attitude [f.]	Haltung, Verhalten	Son attitude envers ses parents est impolie.	= comportement
audience [f.]	Einschaltquote	Les émissions populaires ont une grande audience.	= audimat
audimat [m.]	Einschaltquote	L'audimat indique le nombre de personnes qui ont écouté ou regardé une émission.	= taux d'écoute
auditeur, -trice	Zuhörer, -in	L'auditeur écoute la radio.	
augmentation [f.]	Erhöhung, Zunahme	Les ouvriers réclament une augmentation de leur salaire.	= hausse, montée ≠ diminution, baisse
augmenter	erhöhen, zunehmen	Il y a moins de travail, le nombre des chômeurs augmente.	= monter, croître ≠ diminuer, baisser
austère	streng, hart	La prison est un grand bâtiment austère.	= rigoureux, sévère, froid ≠ riant, aimable
austérité [f.]	Strenge	La politique d'austérité a pour objectif de réduire les dépenses de l'État.	= sévérité, rigueur ≠ indulgence, douceur
autonome	selbstbestimmend	Les territoires autonomes s'administrent eux-mêmes.	= indépendant, ≠ dépendant
autorisation [f.]	Erlaubnis	Il faut une autorisation spéciale pour porter une arme.	= permission ≠ défense, interdiction
autoriser	erlauben	La loi autorise 0,5‰ d'alcool au volant.	= permettre ≠ défendre, interdire
autorités [f. pl.]	Behörde	Le maire, le préfet, le ministre font partie des autorités.	

famille de mots	dt. Bedeutung	contexte/définition	synonyme/antonyme
avancer	vorwärts kommen	La science avance à grands pas dans le domaine de la génétique.	= progresser, aller de l'avant ≠ reculer
d'avance	im Voraus	Les clients ont payé d'avance.	= avant, ≠ après
avantage [m.]	Vorteil	Ce projet présente plus d'avantages que d'inconvénients.	= intérêt, ≠ désavantage, inconvénient
avantager	begünstigen	Le climat océanique avantage l'agriculture bretonne.	= favoriser, ≠ désavantager
avantageux, euse	vorteilhaft, günstig	Le train est souvent plus avantageux que l'avion.	= profitable, économique ≠ désavantageux
aventure [f.]	Abenteuer	Beaucoup de gens aiment les romans d'aventure.	
s'aventurer	sich wagen	Il est dangereux de s'aventurer dans un marais.	= se risquer
aventureux, euse	abenteuerlich	Cette excursion en forêt amazonienne est aventureuse.	= risqué, osé
aveu [m.]	Geständnis	La police a enregistré ses aveux.	= confession, ≠ dénégation
avouer	gestehen, zugeben	De très jeunes enfants avouent avoir consommé de la drogue.	= reconnaître ≠ nier, contester
(se) baigner	(sich) baden	Il est dangereux de se baigner dans la Loire.	= prendre un bain
baigneur, euse	Badegast	L'eau était polluée, les baigneurs ont tous été malades.	
bain [m.]	Bad	Sur la plage, les touristes prennent des bains de soleil.	
baisse [f.]	Sinken, Sturz	La baisse des taux d'intérêt pourrait relancer le bâtiment et l'immobilier.	= diminution ≠ hausse, augmentation
baisser	senken, abnehmen	Il faut baisser les taux d'intérêt pour relancer l'économie.	= diminuer, réduire ≠ augmenter
bas, se	niedrig	L'espoir de voir disparaître le chômage est au plus bas.	≠ haut, élevé

famille de mots	dt. Bedeutung	contexte/définition	synonyme/antonyme
balance [f.] **commerciale**	*Handelsbilanz*	Les bons chiffres du commerce extérieur permettent de rétablir la balance commerciale.	
banlieue [f.] **banlieusard, e**	*Vorort, Vorstadt* *Vorstadtbewohner, -in*	La banlieue de Paris a plus de 5 millions d'habitants. Beaucoup de banlieusards travaillent à Paris.	= qui habite en banlieue
barre [f.] **de menus**	*Menüleiste*	Sur l'écran, les icônes se trouvent sur la barre de menus.	
bénéfice [m.] **bénéficiaire** **bénéficier de**	*Gewinn* *Gewinn-* *Nutzen ziehen aus*	Cette entreprise est prospère, elle fait des bénéfices. Une usine qui gagne de l'argent est bénéficiaire. Les familles nombreuses bénéficient de l'aide de l'État.	= profit, ≠ perte, déficit ≠ déficitaire = profiter, jouir, ≠ pâtir de
bénévole [m./f.] [subst./adj.]	*Freiwillige(r);* *ehrenamtlich*	Le bénévole travaille sans se faire payer. L'association bénévole « Emmaüs » aide les S.D.F.	= volontaire = qui travaille gratuitement
besoin [m.] **avoir besoin**	*Bedürfnis* *brauchen*	Il faut du pétrole pour satisfaire au besoin mondial. Cet enfant a besoin d'aide.	= nécessité, exigence
beug [m.]	*Absturz*	Le beug est une panne d'ordinateur.	= plantage
bicyclette [f.]	*Fahrrad; Radsport*	La bicyclette est un sport de plein air qui peut se pratiquer en famille.	= vélo
cycliste [m.]	*Radfahrer*	Il y a des chemins réservés aux cyclistes.	
bilan [m.]	*Bilanz*	Le bilan commercial de la France est encore positif.	
biosphère [f.]	*Lebensraum*	La biosphère est la vie organique de la terre.	

famille de mots	dt. Bedeutung	contexte/définition	synonyme/antonyme
bois [m.]	*Holz*	Le bois est une matière fournie par les arbres.	
déboisement [m.]	*Abholzen, Rodung*	Le déboisement de la Forêt Vierge est dangereux.	≠ reboisement
déboiser	*abholzen, roden*	Pour déboiser il faut arracher des arbres.	≠ reboiser
bouc [m.] émissaire	*Sündenbock*	Les immigrés sont les boucs émissaires de la société.	= rendu responsable
bouleversant, e	*erschütternd*	Cette histoire bouleversante nous touche beaucoup.	= émouvant
bouleversement [m.]	*Erschütterung*	Les résultats des élections ont provoqué un bouleversement politique.	= changement profond
bouleverser	*ändern, erschüttern*	L'ordinateur a bouleversé nos habitudes de vie.	= changer, transformer
brancher	*gefallen, interessieren*	La musique et la danse branchent la jeunesse.	= plaire, ≠ déplaire
se brancher sur	*online gehen*	Pour se brancher sur Internet, il faut payer.	
bricolage [m.]	*Basteln*	Le bricolage est un des loisirs préférés des Français.	
bricoler	*basteln*	Il passe ses loisirs à bricoler de vieux meubles.	
bricoleur, euse	*Bastler, -in, Heimwerker, -in*	Il fait toutes sortes de travaux lui-même, il est bricoleur.	
bruit [m.]	*Lärm*	Le bruit fait parfois mal aux oreilles sensibles.	≠ silence
bruyant, e	*laut*	L'hôtel est bruyant, on y dort mal.	≠ silencieux
budget [m.]	*Haushalt*	Le ministre des Finances gère le budget de l'État.	
budgétaire	*Haushalts-*	Le déficit budgétaire de l'État est dû, en partie, à l'augmentation du chômage.	
cacher	*verheimlichen*	On n'a pas le droit de cacher un accident de réacteur nucléaire.	= dissimuler, tenir secret ≠ révéler, dévoiler
en cachette	*heimlich*	Les immigrés clandestins entrent en cachette dans le pays.	= secrètement ≠ ouvertement

famille de mots	dt. Bedeutung	contexte/définition	synonyme/antonyme
cadre [m.]	leitender Angestellter	Les cadres représentent le personnel dirigeant.	
calomnie [f.]	Verleumdung	La calomnie est un mensonge qui porte atteinte à l'honneur et à la réputation de ses victimes.	= diffamation
calomnier	verleumden	On calomnie en disant injustement du mal.	= diffamer
calomnieux, se	verleumderisch	Un article calomnieux peut faire l'objet d'un procès.	= diffamatoire
campagnard, e	ländlich	Cette maison campagnarde est une vieille ferme.	= rural, ≠ citadin
campagne [f.]	Land	L'air de la campagne est souvent peu pollué.	≠ ville
campagne [f.] électorale	Wahlkampf	Pendant la campagne électorale, les candidats présentent leur programme politique.	
cancer [m.]	Krebs	Le soleil peut provoquer un cancer de la peau.	
candidat, e	Kandidat, -in	Il est candidat aux élections municipales.	
candidature [f.]	Kandidatur	Il faut poser sa candidature pour pouvoir être élu.	
capable	fähig	Il est capable de faire ce travail.	= apte, ≠ incapable, inapte
capacité [f.]	Fähigkeit	L'avenir de l'économie dépend de sa capacité à s'adapter aux techniques modernes.	= aptitude ≠ incapacité, inaptitude
capitale [f.]	Hauptstadt	Paris est la capitale de la France.	
capter	empfangen	Le satellite Eutelsat permet de capter des chaînes.	= recevoir
carrière [f.]	Laufbahn	Les femmes ont parfois du mal à assumer en même temps leur carrière et leur vie de famille.	= vie professionnelle
cas [m.]	Fall	En cas de problème, les jeunes peuvent s'adresser à l'assistante sociale de leur lycée.	= situation

famille de mots	dt. Bedeutung	contexte/définition	synonyme/antonyme
casser **casseur** [m.]	*zerstören* *Randalierer*	Ils ont cassé les vitres des voitures pour voler. Pendant la manifestation, des casseurs ont brûlé des voitures.	= détruire; ≠ protéger = vandale
catalyseur [m.]	*Katalysator*	Le catalyseur filtre les gaz d'échappement.	
cause [f.] **à cause de** **causer**	*Ursache, Grund* *wegen, aufgrund* *verursachen*	Sa paresse est la cause de son échec. Il a démissionné à cause de sa mauvaise santé. La fermeture des usines a causé du chômage.	= raison = en raison de = provoquer, amener
censure [f.] **censurer**	*Zensur* *zensieren*	La censure restreint la liberté de la presse. L'État a censuré la publication d'un livre.	= interdire
centralisation [f.] **centraliser** **centralisme** [m.]	*Zentralisierung* *zentralisieren* *Zentralismus*	La centralisation de la politique européenne se fait à Bruxelles. Napoléon a centralisé les pouvoirs à Paris pour mieux les contrôler. Le centralisme alourdit l'administration de l'État.	= concentration, ≠ décentralisation, déconcentration = concentrer, regrouper ≠ décentraliser, déconcentrer
cesser (de faire qc.)	*aufhören mit/zu, beenden*	Il peut cesser son activité professionnelle et partir en retraite.	= arrêter, interrompre ≠ continuer
chaîne [f.] **(de télé)**	*Fernsehsender*	La télévision française offre trois chaînes d'État et beaucoup de chaînes privées.	
champion [m.]	*Meister (Sport)*	Il est le meilleur dans sa catégorie, c'est lui le champion.	
changement [m.] **changer**	*(Ver-)Änderung* *(ver)ändern*	Le changement de gouvernement n'a pas résolu les problèmes du pays.	= modification, ≠ continuité = modifier, transformer ≠ conserver, garder

famille de mots	dt. Bedeutung	contexte/définition	synonyme/antonyme
chantage [m.]	Erpressung	L'appel aux sentiments est une forme de chantage.	
charger	laden	Il faut charger un programme dans l'ordinateur.	
chat [m.]	Chat	Le chat est un dialogue, un contact par Internet.	= salon
chômage [m.]	Arbeitslosigkeit	La lutte contre le chômage a priorité sur tout.	≠ travail, emploi
chômeur, euse	Arbeitsloser	Les chômeurs de longue durée ont plus de mal à retrouver du travail.	= demandeur d'emploi
chute [f.]	Fall, Sturz	La chute du prix de la viande a ruiné beaucoup d'éleveurs.	= effondrement, baisse ≠ montée, essor
citadin, e [subst./adj.]	Stadtbewohner, -in; städtisch	Les citadins parisiens aiment passer le week-end à la campagne.	≠ campagnard
cité [f.]	Stadt	La cité de Carcassonne est entourée d'un rempart.	= ville
citoyen, ne	Bürger, -in	On l'a nommé citoyen d'honneur de la ville.	
citoyenneté [f.]	Staatsangehörigkeit	Beaucoup d'immigrés demandent la citoyenneté du pays d'accueil.	
civil, e	zivil, bürgerlich	La guerre civile est particulièrement cruelle.	
clandestin, e	illegal, heimlich	Les immigrés clandestins n'ont pas de permis de séjour.	= secret, illégal, ≠ légal
clandestinité [f.]	Heimlichkeit, Illegalität	Les travailleurs au noir travaillent dans la clandestinité.	= illégalité, ≠ légalité
clavier [m.]	Tastatur	L'ensemble des touches qui permettent de travailler avec l'ordinateur se trouvent sur le clavier.	
cliquer sur	klicken auf	Il faut cliquer sur un symbole sur l'écran.	

famille de mots	dt. Bedeutung	contexte/définition	synonyme/antonyme
client, e clientèle [f.]	Kunde, Kundin Kundschaft	Dans notre magasin, le client est roi. L'ensemble des clients constitue la clientèle.	≠ acheteur, ≠ vendeur
cocooning [m.]	häusliche Gemütlichkeit, Einigelung	Les gens ne sortent plus, ils préfèrent le cocooning à la maison.	
code [m.]	Kennwort	Le code est un mot secret qu'il faut connaître pour avoir accès à certains programmes.	= mot de passe
codé, e	verschlüsselt	Les échanges de données entre ordinateurs sont souvent codés.	
cohabitation [f.]	Kohabitation	La cohabitation gouvernementale est nécessaire quand le Président n'est plus majoritaire.	
colère [f.] en colère coléreux, euse	Zorn, Wut wütend jähzornig	La colère est mauvaise conseillère. (proverbe.) Se mettre en colère, c'est perdre son sang-froid. C'est un enfant coléreux, difficile à éduquer.	= fureur, rage, ≠ calme = fâché, ≠ calme ≠ calme, paisible
collectif, ive	gemeinsam, kollektiv	L'éducation est un travail collectif partagé entre les parents et l'école.	= commun, ≠ individuel, personnel
collectivité [f.]	Gemeinschaft	Le bien de la collectivité doit passer avant l'intérêt personnel.	= communauté ≠ individualité
colonie [f.] de vacances	Ferienkolonie	Beaucoup d'entreprises proposent une colonie de vacances aux enfants de leurs employés.	

famille de mots	dt. Bedeutung	contexte/définition	synonyme/antonyme
combat [m.]	Kampf	Les femmes mènent leur combat pour l'égalité.	= lutte, bataille
combatif, ive	kampflustig	Il faut être combatif pour gagner au tennis.	= batailleur, ≠ résigné
combattant, e	Kämpfer, -in, Soldat, -in	Beaucoup de combattants sont morts à la guerre.	= soldat, adversaire
combattre	(be)kämpfen	La police essaie de combattre le terrorisme.	= lutter, se battre, batailler
			≠ se résigner, subir
commerçant, e	Händler, -in	Les commerçants ont fermé leurs magasins.	= marchand, négociant
commerce [m.]	Handel	Le commerce de la drogue est illégal.	= marché, négoce
commercial, e	Handels-	Le vin français est un produit commercial lucratif.	
communiquer par	kommunizieren über	On peut communiquer par téléphone, par mail, etc.	
compenser	ausgleichen	Ce bénéfice compense le déficit d'hier.	= dédommager, équilibrer
compétence [f.]	Zuständigkeit, Fähigkeit	La compétence du préfet se limite à la politique régionale.	= autorité, aptitude ≠ incompétence
compétent, e	fähig; zuständig	N'étant pas assez compétent, il a perdu sa place de travail dans l'usine.	= capable, apte ≠ incompétent
compétitif, ive	wettbewerbsfähig	Pour garder sa clientèle, il faut être compétitif.	
compétition [f.]	Wettkampf	Le sportif malade ne participe pas à la compétition.	
compétitivité [f.]	Wettbewerbsfähigkeit	La compétitivité du marché asiatique est forte.	
comportement [m.]	Benehmen	Le comportement des pollueurs est inacceptable.	= conduite
se comporter	sich benehmen	L'élève apprend à se comporter en classe.	= se conduire
concession [f.]	Zugeständnis	Les travailleurs doivent faire des concessions pour sauver leur emploi.	

famille de mots	dt. Bedeutung	contexte/définition	synonyme/antonyme
concentration [f.]	Konzentration	La concentration des grandes usines dans la région parisienne a provoqué la désertification de la province.	= centralisation, ≠ déconcentration
concentrer	konzentrieren	La France a concentré ses efforts sur le problème du chômage.	= centraliser, grouper ≠ déconcentrer, disperser
conception [f.]	Vorstellung, Meinung	Les parents et les enfants ont une conception différente des loisirs.	= opinion, idée
concevable	denkbar, begreiflich	Il n'est pas concevable de voter une loi aussi impopulaire.	= imaginable, pensable ≠ inconcevable, impensable
concevoir	ausdenken, planen	Le code civil a été conçu par Napoléon Bonaparte.	= imaginer, créer
concurrence [f.]	Wettbewerb	La concurrence entre les entreprises est sans pitié.	= compétition, rivalité
concurrencer	konkurrieren mit	Le prix du travail en Europe ne peut pas concurrencer celui des pays d'Asie.	= rivaliser
concurrent, e	Konkurrent, -in	Le vin australien est un concurrent du vin français.	= rival
condamnable	strafbar	Le racket est une pratique condamnable qui est punie par la loi.	= répréhensible ≠ innocent, légal
condamnation [f.]	Strafe, Strafurteil	La condamnation à la peine de mort est supprimée.	= punition, sentence
condamner	verurteilen, bestrafen	La justice ne peut pas condamner un jeune de moins de 16 ans à la prison.	= blâmer, punir
condition [f.] à condition de conditionnel, le	Umstand, Bedingung unter der Bedingung, dass bedingt	Les conditions de vie des travailleurs s'améliorent. On peut le sauver, à condition d'opérer tout de suite. Le prisonnier est remis en liberté conditionnelle.	= état, situation = sous réserve de ≠ inconditionnel

famille de mots	dt. Bedeutung	contexte/définition	synonyme/antonyme
conducteur, trice	Fahrer	Les conducteurs de bus sont souvent victimes d'aggressions.	= chauffeur
conduire conduite [f.]	leiten, führen, lenken Benehmen	L'incompétence peut conduire à la faillite. Le prisonnier a été libéré plus tôt pour bonne conduite.	= mener, diriger = comportement
conflit [m.]	Konflikt	Le conflit des générations oppose parents et enfants depuis toujours.	= lutte, opposition ≠ paix
congés [m. pl.] (payés)	(bezahlter) Urlaub	Chaque employé a droit à des congés payés.	= vacances
conjoncture [f.]	(Wirtschafts-)Lage	La conjoncture actuelle ne permet pas encore la réduction du chômage.	= circonstance
conjoncturel, le	konjunkturell	La crise économique est un problème conjoncturel.	
se connecter	sich einloggen, sich anmelden	Il faut un mot de passe pour pouvoir se connecter à certains programmes.	≠ se déconnecter
conquérir	erobern	Les femmes françaises veulent conquérir leur place dans la vie politique.	= gagner, ≠ perdre
conquête [f.]	Eroberung	La conquête de l'espace a fait l'objet d'une rivalité entre les grandes puissances.	= prise, victoire ≠ perte
conséquence [f.] par conséquent	Folge, Konsequenz infolgedessen	Le tourisme subit les conséquences de la crise. Il a commis une faute, par conséquent il sera puni.	= effet, suite = ainsi, donc
conservateur, trice [subst./adj.]	Konservative(r); konservativ	Le parti des conservateurs a gagné les élections.	
conservation [f.] conserver	Erhaltung, Bewahrung bewahren, erhalten	La conservation de certains aliments se fait au frigidaire. Il faut conserver les bonnes habitudes.	= garde, protection, ≠ perte = garder, ≠ perdre, jeter

famille de mots	dt. Bedeutung	contexte/définition	synonyme/antonyme
considérable	*beträchtlich*	À Paris, le nombre des sans-abri est considérable.	= important, ≠ insignifiant
considération [f.]	*Betrachtung; (Hoch-)Achtung*	Il faut prendre en considération l'âge du délinquant. J'ai beaucoup de considération pour ses qualités.	= respect, admiration
considérer (comme)	*betrachten (als)*	Il faudrait considérer ce problème sous tous ses aspects.	= examiner, regarder, juger, trouver, tenir pour
consommateur, trice	*Verbraucher, -in*	Il y a un institut de protection du consommateur.	= utilisateur, client
consommation [f.]	*Konsum*	Notre société de consommation se rend parfois coupable de gaspillage.	= utilisation, usage
consommer	*verbrauchen*	Les voitures économiques consomment peu d'essence.	= utiliser, prendre
constamment	*andauernd, ständig*	La pollution de l'air augmente constamment.	= sans cesse, sans arrêt
Constituer	*bilden, darstellen*	C'est le Premier ministre qui constitue le gouvernement.	= former, établir
constitution [f.]	*Verfassung*	La constitution de la Ve République a été établie par Charles de Gaulle.	
constitutionnel, le	*Verfassungs-*	La loi constitutionnelle se réfère à la constitution.	
consultation [f.]	*Beratung, Sprechstunde*	Le médecin donne sa consultation dans son cabinet.	
consulter	*um Rat fragen*	Il a consulté un avocat pour connaître ses droits.	= demander conseil
contacter	*sich in Verbindung setzen mit*	Les professeurs doivent contacter les parents d'élèves.	= prendre contact avec qn.
contagieux, euse	*ansteckend*	Le SIDA est une maladie contagieuse.	= transmissible ≠ intransmissible
contagion [f.]	*Ansteckung*	La contagion se fait par contact direct avec le malade.	= transmission
contamination [f.]	*Verseuchung*	La contamination de Tchernobyl est due à des substances radio-actives.	= infection
contaminer	*verseuchen*	Une explosion nucléaire peut contaminer tout un pays.	= infecter

famille de mots	dt. Bedeutung	contexte/définition	synonyme/antonyme
contemporain, e [subst./adj.]	Zeitgenosse, Zeitgenossin; zeitgenössisch	Les personnes qui vivent à la même époque sont des contemporains.	
content, e	froh, zufrieden	Il est content des résultats qu'il a obtenus.	= satisfait ≠ insatisfait
se contenter	sich zufrieden geben	Les jeunes chômeurs doivent souvent se contenter d'un travail au-dessous de leur qualification.	= se satisfaire
contenu [m.]	Inhalt	Le contenu de cet article porte sur la politique.	
contestable	anfechtbar, zweifelhaft	Pour les écologistes, les arguments en faveur du nucléaire sont contestables.	= discutable ≠ incontestable, indiscutable
contester	bestreiten	L'opposition a contesté les résultats des dernières élections.	= protester, discuter ≠ accepter, approuver
contradiction [f.]	Widerspruch	Sa vie privée est en contradiction avec la morale.	≠ accord
contradictoire	widersprüchlich	Les affirmations du témoin sont contradictoires.	≠ concordant
contraire [m.]	Gegenteil	Je ne suis pas fâché, bien au contraire !	
contredire	widersprechen	La politesse interdit parfois de contredire.	≠ confirmer, approuver
contraignant, e	verpflichtend	La loi sur la limitation de vitesse est contraignante.	= obligatoire, gênant
contraindre	zwingen	Il faudrait se contraindre à pratiquer un sport.	= obliger, forcer à
contrainte [f.]	Zwang	Il a avoué sous la contrainte.	= obligation, ≠ liberté
contraster	kontrastieren, im Gegensatz stehen	La couleur de la végétation contraste avec le bleu du ciel de Provence.	= trancher, ressortir
contrat [m.]	Vertrag, Auftrag	Les commandes importantes se font par contrat.	
convivial, e	gesellig, gastfreundlich	L'ambiance de ce restaurant est très conviviale.	
convivialité [f.]	Geselligkeit	La télévision est néfaste à la convivialité de la société.	= sociabilité

famille de mots	dt. Bedeutung	contexte/définition	synonyme/antonyme
coopérer	zusammenarbeiten	Les pays européens doivent coopérer entre eux.	= collaborer
couche [f.] d'ozone	Ozonschicht	Le trou qui se forme dans la couche d'ozone menace la santé des hommes.	
coupable culpabilité [f.]	schuldig Schuld	L'accusé n'est pas coupable de ce crime. Avant de condamner, il faut prouver la culpabilité de quelqu'un.	= fautif, ≠ innocent = faute, responsabilité ≠ innocence
coût [m.] coûteux, euse	Kosten kostspielig, teuer	Le coût de cette marchandise est trop élevé. La politique d'austérité exige de renoncer aux projets trop coûteux.	= prix = cher, onéreux ≠ bon marché
coutume [f.] s'accoutumer	Brauch, Sitte sich gewöhnen	La bise sur les joues est une coutume française. Les immigrés ont parfois du mal à s'accoutumer aux mœurs du pays d'accueil.	= habitude, mœurs = s'habituer ≠ se déshabituer
couverture [f.]	Titelseite	La catastrophe fait la couverture des journaux.	= la une
couvrir	abdecken	Ce reporter couvre toute la région parisienne.	
craindre	befürchten	En cas de panne du réacteur nucléaire, on peut craindre le pire.	= redouter ≠ espérer, souhaiter
crainte [f.] craintif, ive	Befürchtung, Angst ängstlich	La crainte du chômage incite à économiser et freine la consommation. Cet enfant craintif a peur de tout.	= peur, ≠ assurance, témérité = peureux, ≠ hardi
créateur, trice création [f.]	Gründer, -in, Erfinder, -in Gründung, Schaffung	Christian Dior est un créateur de mode. L'implantation de l'usine a permis la création de nombreux emplois.	= fondateur, auteur = réalisation, œuvre
créer	gründen, schaffen	Pour échapper au chômage, créez votre entreprise.	= fonder, réaliser

famille de mots	dt. Bedeutung	contexte/définition	synonyme/antonyme
crime [m.] criminel, le	Verbrechen kriminell	La police a retrouvé l'arme du crime. Les très jeunes criminels ne vont pas en prison.	= délinquant, bandit
croissance [f.] croître	Wachstum wachsen, zunehmen	La croissance économique contribue à la prospérité. La France voit croître le montant de la dette publique.	= développement, ≠ déclin = pousser, grandir ≠ diminuer, baisser
curieux, euse curiosité [f.]	neugierig; seltsam Neugier	Les adolescents sont curieux de découvrir la vie. C'est un phénomène curieux qui nous étonne. C'est souvent par curiosité que les enfants fument.	= intéressé = étrange, bizarre ≠ désintérêt
C.V. [m.] (curriculum vitae)	Lebenslauf	Un demandeur d'emploi doit présenter son C.V. à un employeur.	
danger [m.]	Gefahr	Il y a danger de mort à consommer certains champignons.	= péril ≠ sécurité
dangereux, euse	gefährlich	Quand il y a beaucoup de neige, il est dangereux de quitter les pistes de ski.	= risqué, périlleux ≠ sûr
se débarrasser	sich entledigen	Il est défendu de se débarrasser de ses déchets dans les rivières ou dans la mer.	= se défaire ≠ s'encombrer, s'embarrasser
débat [m.]	Debatte	Le débat sur la nouvelle loi a eu lieu à l'Assemblée Nationale.	= discussion
débattre	debattieren	Le conseil municipal va débattre les affaires de la commune.	= discuter
débordement [m.] déborder	Überschwemmung überlaufen	Le débordement de la rivière a provoqué une catastrophe. La ville est surpeuplée, Paris déborde.	= inondation

famille de mots	dt. Bedeutung	contexte/définition	synonyme/antonyme
débouché [m.]	Absatzmarkt	Les secteurs du textile et de la métallurgie n'offrent plus de débouchés.	
se débrouiller	sich zu helfen wissen	Il faut savoir se débrouiller pour trouver une place dans l'université de son choix.	= trouver un moyen
débrouillard [adj.]	pfiffig, schlau	Il est débrouillard, il trouve toujours une solution.	
début [m.] débutant, e débuter	Anfang Anfänger, -in anfangen	Il faut tout recommencer depuis le début. Les débutants manquent encore d'expérience. Les jeunes entrepreneurs ont besoin de capitaux pour débuter.	= commencement, ≠ fin = apprenti = commencer, démarrer ≠ finir, terminer, achever
début [m.] débutant, e débuter	Anfang Anfänger, -in anfangen	Il faut tout recommencer depuis le début. Les débutants manquent encore d'expérience. Les jeunes entrepreneurs ont besoin de capitaux pour débuter.	= commencement, ≠ fin = apprenti = commencer, démarrer ≠ finir, terminer, achever
décentralisation [f.]	Dezentralisierung	La décentralisation du pouvoir gouvernemental est indispensable à une meilleure administration des régions.	= déconcentration, ≠ centralisation, concentration
décharge [f.]	Müllhalde	La décharge est un endroit où l'on jette les ordures.	= déchetterie
déchets [m. pl.]	Müll, Abfall	Les boîtes de conserve vides sont des déchets.	= ordures
décider de décisif, ive décision [f.]	beschließen entscheidend Entscheidung	Les députés ont décidé de ne pas voter la loi. Le moment de la mise à feu de la fusée est décisif. Je ferai connaître ma décision dès que je l'aurai prise.	= prendre une décision ≠ indécision
déclin [m.]	Verfall, Niedergang	Le tourisme vert pourrait éviter le déclin rural.	≠ essor, développement

famille de mots	dt. Bedeutung	contexte/définition	synonyme/antonyme
décontracté, e se décontracter	entspannt sich entspannen	Les vacanciers décontractés oublient le travail. En pratiquant le Yoga on apprend à se décontracter.	= détendu, ≠ tendu = se détendre
découverte [f.] découvrir	Entdeckung entdecken	La découverte de l'Amérique est due à C. Colomb. Les voyages offrent l'occasion de découvrir des régions pittoresques.	= révélation, dévoilement = connaître, voir ≠ couvrir, cacher
défavorable défavorisé, e	ungünstig, nachteilig benachteiligt	La crise économique est défavorable à l'immigration. La criminalité se développe particulièrement dans les quartiers défavorisés.	= mauvais, ≠ favorable = désavantagé, pauvre ≠ favorisé
défavoriser	benachteiligen	L'impôt sur les grandes fortunes défavorise les gens riches.	= désavantager, nuire ≠ favoriser
défendre	verbieten; verteidigen	Il faut absolument défendre aux jeunes de porter des armes à l'école. Un ministère est chargé de défendre les droits des enfants.	= interdire ≠ permettre, autoriser = protéger, secourir ≠ attaquer, accuser
défense [f.]	Verbot; Verteidigung	La défense de fumer dans les restaurants n'est pas toujours respectée. L'avocat se charge de la défense de son client.	= interdiction ≠ permission, autorisation = attaque, accusation
défi [m.] défier	Herausforderung herausfordern	La France relève le défi des critères de Maastricht. Certains sportifs défient le danger.	= provocation = provoquer
déficit [m.] déficitaire	Defizit, Verlust defizitär	Le déficit de la sécurité sociale augmente. Une entreprise déficitaire perd de l'argent.	= perte d'argent, ≠ gain ≠ bénéficiaire, rentable
dégradation [f.]	Verschlechterung, Zerstörung	Certains campeurs sont responsables de la dégradation de la nature.	= destruction ≠ amélioration, préservation

famille de mots	dt. Bedeutung	contexte/définition	synonyme/antonyme
(se) dégrader **biodégradable**	*(sich) verschlechtern* *biologisch abbaubar*	La qualité de l'eau des océans se dégrade. Les produits d'emballage devraient être biodégradables.	= s'aggraver ≠ s'améliorer
délicat, e **délicatesse** [f.]	*heikel, empfindlich* *Empfindlichkeit, Zartheit*	Certaines plantes délicates sont des espèces protégées. La délicatesse de cette affaire demande beaucoup de précautions.	= sensible, ≠ robuste, solide = sensibilité, ≠ robustesse, grossièreté
délinquance [f.] **délinquant, e** [subst./adj.]	*Kriminalität* *Straftäter, -in; straffällig*	La délinquance des jeunes enfants pose un problème. Les délinquants sont souvent des jeunes sans travail.	= criminalité
délit [m.]	*Delikt, Vergehen*	L'alcool au volant est un délit sévèrement puni.	= faute, infraction
demande [f.] **demander** **demandeur** [m.] **d'asile** **demandeur** [m.] **d'emploi**	*Nachfrage* *fragen, bitten, (er)fordern* *Asylbewerber* *Stellenbewerber*	L'idéal serait que l'offre soit égale à la demande. Nous vous demandons deux minutes d'attention. Un demandeur d'asile est un réfugié politique. Pour augmenter ses chances, un demandeur d'emploi peut faire un stage de reconversion.	≠ offre = solliciter, prier, ≠ offrir = réfugié = chômeur
déménager	*umsiedeln, umziehen*	Certains citadins sont prêts à déménager pour aller vivre à la campagne.	= partir ailleurs, transférer ≠ demeurer, rester
démission [f.] **démissionner**	*Entlassung, Rücktritt* *zurücktreten*	Les habitants demandent la démission du maire. Son parti n'ayant plus la majorité, le ministre a dû démissionner.	= abdication = abdiquer
démographie [f.] **démographique**	*Demographie* *demographisch,* *Bevölkerungs-*	La démographie étudie la natalité et la mortalité. Dans les années 70 Paris a connu une véritable explosion démographique.	
dénoncer	*verraten*	Le journaliste a dénoncé un scandale écologique.	≠ taire

famille de mots	dt. Bedeutung	contexte/définition	synonyme/antonyme
département [m.]	Departement	La France est divisée en 96 départements métropolitains et 5 départements d'outre-mer.	
dépasser	übersteigen, überholen	Les résultats obtenus ont dépassé nos espérances.	= surpasser, doubler
dépendance [f.]	Abhängigkeit	Les personnes sous la dépendance du tabac et de l'alcool doivent se faire soigner.	≠ indépendance
dépendant, e dépendre de	abhängig abhängen von	La consommation de drogue rend dépendant. Les routes et les chemins de fer dépendent du ministère des transports.	≠ indépendant
dépense [f.] dépenser	Ausgabe ausgeben	Pour équilibrer le budget, il faut réduire la dépense. La France a dépensé beaucoup d'argent pour ses armes nucléaires.	= frais, ≠ économie = débourser, payer ≠ économiser
dépensier, ière	verschwenderisch	Les Français reprochent à l'État d'être dépensier dans le domaine culturel.	= gaspilleur ≠ économe
dépeuplement [m.]	Entvölkerung	Le dépeuplement de certaines régions est dû au déclin de l'agriculture.	= désertification ≠ (re)peuplement
(se) dépeupler	(sich) entvölkern	La campagne française a tendance à se dépeupler.	= (se) vider, ≠ (re)peupler
député [m.]	Abgeordneter	Le député siège à l'Assemblée Nationale.	
déséquilibre [m.]	Ungleichgewicht	Le déséquilibre entre la densité de la population parisienne et celle de la province augmente.	≠ équilibre
déséquilibrer	aus dem Gleichgewicht bringen	La montée du chômage risque de déséquilibrer le budget de l'État.	≠ équilibrer

famille de mots	dt. Bedeutung	contexte/définition	synonyme/antonyme
désert [m.]	Wüste	Le climat a fait de la région un véritable désert.	
désert, e	unbewohnt, verlassen	Un amateur de calme préfère les endroits déserts.	= inhabité, ≠ peuplé, habité
déserter	verlassen	Pendant les vacances, les Parisiens désertent la capitale.	= quitter, ≠ occuper
désertification [f.]	Verödung, Landflucht	Pour lutter contre la désertification des campagnes, on développe le tourisme.	≠ (re)peuplement
désespérant, e	entmutigend	Il est désespérant de constater que nos efforts sont inutiles.	= décourageant ≠ encourageant
désespéré, e	verzweifelt, hoffnungslos	Il n'y a rien à faire, son cas est désespéré.	= sans espoir, ≠ optimiste
désespérer	verzweifeln	Il ne faut pas désespérer, la situation s'améliorera.	= se décourager, ≠ espérer
désespoir [m.]	Verzweiflung	Le désespoir conduit parfois à la violence.	= découragement, désolation
désintoxication [f.]	Entziehungskur	La cure de désintoxication peut guérir la dépendance.	≠ intoxication
désir [m.]	Wunsch	Il a exprimé le désir de revoir son pays natal.	= souhait, envie
désirable	erwünscht	Pour beaucoup de gens les immigrés ne sont pas désirables.	= souhaitable, bienvenu ≠ indésirable, malvenu
désirer	wünschen	Les touristes qui le désirent peuvent monter sur la tour Eiffel.	= souhaiter, vouloir ≠ repousser, rejeter
destructeur, trice	zerstörerisch	La violence destructive des casseurs fait peur.	= dévastateur, ≠ constructif
destruction [f.]	Zerstörung	La destruction des espèces protégées est interdite.	= ravage, ≠ construction
détruire	zerstören	Certains parasites peuvent détruire toute une récolte.	= abîmer, dévaster, casser ≠ sauvegarder
se détendre	sich entspannen	Il prend des congés pour se détendre.	= se décontracter, ≠ stresser
détendu, e	entspannt	Les vacanciers rentrent bronzés et détendus.	= décontracté, ≠ tendu
détente [f.]	Entspannung	La politique de détente succède à la guerre froide.	= décontraction, ≠ tension

famille de mots	dt. Bedeutung	contexte/définition	synonyme/antonyme
détérioration [f.] se détériorer	Verschlechterung sich verschlechtern	La détérioration de l'air est due à la pollution. La France voit la situation des agriculteurs se détériorer de plus en plus.	= dégradation = empirer, se dégrader ≠ s'améliorer
détermination [f.]	Entschlossenheit	Jacques Chirac a montré sa détermination à réduire le nombre des chômeurs.	= résolution, volonté ≠ irrésolution
détresse [f.]	Not, Elend	Des associations essaient de venir en aide à la détresse des très pauvres.	= misère, ≠ richesse, opulence, prospérité
détriment [m.]	Nachteil	La robotisation de l'industrie s'est faite au détriment de la main-d'œuvre.	= désavantage ≠ avantage
dette [f.] dette [f.] publique	Schulden Staatsverschuldung	L'entreprise en faillite ne peut plus payer ses dettes. La dette publique devra être réduite pour satisfaire aux critères de Maastricht.	= emprunt = emprunt d'État
dévaluation [f.] dévaluer	Abwertung abwerten	La dévaluation peut conduire à l'inflation. Il faut parfois dévaluer une monnaie.	≠ réévaluation ≠ réévaluer
développement [m.] (se) développer	Entwicklung (sich) entwickeln	La télécommunication a un développement rapide. Pour se développer, l'économie française a besoin d'une monnaie stable et forte.	= évolution, essor, ≠ déclin = évoluer ≠ décliner
dictateur [m.] dictature [f.]	Diktator Diktatur	Le dictateur a les pleins pouvoirs. La dictature est une atteinte à la liberté.	≠ démocratie
diffuser diffusion [f.]	senden, ausstrahlen Ausstrahlung	ARTE diffuse des émissions françaises et allemandes. La diffusion du journal télévisé est quotidienne.	= émettre

famille de mots	dt. Bedeutung	contexte/définition	synonyme/antonyme
digne dignité [f.]	würdig Würde	Il n'est pas digne de l'honneur qu'on lui fait. Les sans-abri ont parfois l'impression de perdre leur dignité.	≠ indigne, méprisable = fierté, honneur ≠ indignité, déshonneur
diminuer	senken, verringen	Il faut diminuer les dépenses en énergie.	= réduire, abaisser ≠ augmenter
diminution [f.]	Verringerung	La diminution du temps de travail ne suffit pas à réduire le chômage.	= baisse, réduction ≠ augmentation, montée
diriger	führen, dirigieren	Le chef de l'État et son gouvernement dirigent le pays.	= administrer, gérer
discrimination [f.]	Diskriminierung	La discrimination raciale est particulièrement sensible en temps de crise.	= ségrégation
discriminatoire	diskriminierend	Exclure les femmes de la politique est discriminatoire.	
disparaître disparition [f.]	verschwinden Verschwinden, Aussterben	Il y a des métiers qui disparaissent. Certaines espèces animales sont en voie de disparition.	= partir, s'en aller, ≠ apparaître ≠ apparition, venue
disponible disposer de disposition [f.]	verfügbar, frei verfügen über Verfügung	L'hôtel n'a plus de chambres disponibles. La plupart des enfants disposent d'argent de poche. En cas de besoin, je suis à votre disposition.	= libre, ≠ occupé = jouir, ≠ manquer de
disque [m.] disque [m.] dur	Scheibe; CD; Schallplatte Festplatte	Le DVD est un disque utilisé sur ordinateur. La capacité du disque dur se mesure en Go.	
dissoudre	auflösen	Le président de la République peut dissoudre l'Assemblée Nationale.	= supprimer, ≠ former, créer, mettre en œuvre

famille de mots	dt. Bedeutung	contexte/définition	synonyme/antonyme
distraction [f.] (se) distraire	Zerstreuung (sich) zerstreuen	Il s'ennuie, il a besoin d'une distraction. Pour se distraire, on peut aller au théâtre.	= divertissement, ≠ ennui = s'amuser, se divertir ≠ s'ennuyer
distrayant, e	unterhaltsam	Pour les enfants, le cirque est un spectacle distrayant.	= amusant, divertissant ≠ ennuyeux
distribuer distribution [f.]	verteilen, ausgeben Verteilung	Les restaurants du cœur distribuent des repas gratuits. La distribution des prix donnera lieu à une fête.	= répartir, attribuer = répartition, attribution
divers, e diversité [f.]	verschieden Vielfalt	Les paysages de la campagne française sont divers. La grande diversité des régions de France complique leur administration.	= varié, ≠ semblable, pareil = variété, différence ≠ uniformité, ressemblance
(se) divertir	(sich) zerstreuen	Pour échapper aux contraintes de la vie moderne, il faut se divertir.	= s'amuser, se distraire ≠ s'ennuyer
divertissement [m.]	Unterhaltung, Zerstreuung	Paris offre plus de divertissements que la province.	= distraction, ≠ ennui
diviser	teilen	Il faut diviser pour régner. (proverbe)	= partager, fractionner ≠ (ré)unir, unifier
division [f.]	Teilung	La division de la France en départements facilite son administration.	= partage ≠ (ré)union, unification
domaine [m.]	Gebiet, Branche	On expérimente dans le domaine de la génétique.	= secteur
domination [f.]	Herrschaft	Les colonies françaises sont placées sous la domination de l'État.	= autorité ≠ liberté, indépendance
dominer	(be)herrschen	L'homme ne domine pas le problème de la faim.	= maîtriser
don [m.]	Spende, Gabe	Les médecins font appel aux dons d'organes.	= donnation, cadeau

famille de mots	dt. Bedeutung	contexte/définition	synonyme/antonyme
données [f. pl.]	*Daten*	Il est important de sauvegarder les données.	
double	*doppelt*	Le thermos a une double fonction, il garde la boisson au froid et au chaud.	
doubler	*(sich)verdoppeln*	En été, le nombre des habitants de Nice double.	
douceur [f.]	*Milde, Sanftmut*	La douceur du temps invite à la promenade.	≠ brutalité, dureté
doux, douce	*sanft, leicht*	Les drogues douces sont loin d'être sans danger.	≠ brutal, dur
drogue [f.]	*Droge, Rauschgift*	La loi interdit de consommer, de vendre de la drogue.	
drogué, e	*Drogensüchtige(r)*	Les drogués privés de drogue sont en état de manque.	
se droguer	*Drogen nehmen*	Les jeunes qui se droguent deviennent dépendants.	
droits [m. pl.] de l'homme	*Menschenrechte*	La Déclaration des droits de l'homme date de 1789.	
dur, e	*hart, schwer*	La vie des sans domicile fixe est plus dure en hiver.	= sévère, résistant, ≠ doux
durcir	*verhärten, verschärfen*	On a durci la loi contre l'alcool au volant.	≠ adoucir
dureté [f.]	*Härte, Strenge*	Les fumeurs critiquent la dureté de la loi anti-tabac.	= sévérité, ≠ douceur
durable	*dauerhaft, von Dauer*	Il vaut mieux trouver un emploi durable.	= stable, ≠ passager
durée	*Dauer*	Le C.D.D. est un contrat de travail à durée déterminée.	= période
durer	*(an)dauern*	Les plus optimistes espèrent que la crise ne durera pas.	≠ continuer, ≠ cesser, arrêter
dynamique	*dynamisch, aktiv*	La haute technologie est un secteur dynamique de l'industrie française.	= énergique, actif, ≠ passif, mou
dynamisme [m.]	*Energie, Schwung*	Le dynamisme et l'optimisme sont nécessaires pour faire face à la crise.	= énergie, élan, ≠ apathie, mollesse
écart [m.]	*Spanne, Abweichung, Kluft*	Dans le domaine de la vie culturelle, l'écart entre la capitale et la province continue de se creuser.	= distance

famille de mots	dt. Bedeutung	contexte/définition	synonyme/antonyme
échec [m.]	Misserfolg	L'échec scolaire est souvent synonyme de chômage.	= défaite, ≠ réussite
échouer	misslingen, scheitern	Il a échoué dans sa tentative de battre le record.	= manquer, rater, ≠ réussir
éclatant, e	glänzend	Il a remporté un succès éclatant.	= brillant, ≠ terne
éclater	platzen, ausbrechen	Il a éclaté de rire.	= exploser
s'éclater	sich austoben	Les jeunes se réunissent dans des méga-parties pour s'éclater.	= s'amuser, se défouler ≠ s'ennuyer
écologie [f.]	Umweltschutz	L'écologie est la protection de l'environnement.	
écologiste [m./f.]	Umweltschützer, -in	Les écologistes ont un parti politique, « Les Verts ».	
économe	sparsam	Les voitures sont de plus en plus économes.	≠ dépensier, gaspilleur
économie [f.]	Wirtschaft	L'économie française est touchée par la crise.	
économies [f. pl.]	Ersparnisse	Il a perdu ses économies dans des opérations boursières malheureuses.	= épargne, ≠ dépense, gaspillage
économique	wirtschaftlich	Le train est parfois plus économique que la voiture.	= rentable, ≠ coûteux
économiser	sparen	Il faudra économiser l'eau potable de plus en plus rare et chère.	= épargner, ≠ dépenser, gaspiller
écran [m.]	Bildschirm	La télévision est aussi appelée « le petit écran ».	
édition [f.]	(Her-)Ausgabe	L'édition du premier livre a eu lieu en 1456.	
éditer	herausgeben	Ce livre a été édité à 100 000 exemplaires.	
éditeur [m.]	Verleger	Plon et Fayard sont des éditeurs français.	
éditorial [m.]	Leitartikel	L'éditorial est un article écrit par le rédacteur en chef.	= article de fond

famille de mots	dt. Bedeutung	contexte/définition	synonyme/antonyme
effet [m.]	Wirkung	La répression a peu d'effet sur les délinquants.	= action, influence
effet [m.] de serre	Treibhauseffekt	L'effet de serre provoque le réchauffement de la terre.	
efficace	wirksam, nützlich	Le vaccin contre la grippe est efficace.	= utile, influent, ≠ inefficace
efficacité [f.]	Wirkung	L'efficacité d'un médicament fait l'objet d'études.	≠ inefficacité
égouts [m. pl.]	Abwasser(kanal)	Les eaux usées sont évacuées dans les égouts.	
électeur, trice	Wähler, -in	Pour être électeur il faut avoir au moins 18 ans.	= votant
élections [f. pl.]législatives	Parlamentswahl	Les élections législatives servent à élire les députés.	
élections municipales	Gemeinderatswahl	Les élections municipales se font au suffrage universel et servent à l'élection du maire.	
élections présidentielles	Präsidentschaftswahl	Les élections présidentielles ont lieu tous les 5 ans.	
électoral, e	Wahl-	La campagne électorale a lieu avant les élections.	
élire	wählen	Le président de la République est élu pour cinq ans.	
élevé, e	hoch, gesteigert	Les Français trouvent le prix de l'essence trop élevé.	= haut, ≠ bas, faible
embauche [f.]	Einstellung	Les T.U.C. (travaux d'utilité collective) ont permis l'embauche des jeunes.	= engagement, recrutement ≠ licenciement, renvoi
embaucher	einstellen	La crise économique n'incite pas les employeurs à embaucher du personnel.	= engager, recruter ≠ licencier, renvoyer
e-mail [m.]	E-Mail	Un e-mail est un courrier électronique.	
émettre	ausstoßen; senden	Les voitures et les usines émettent des gaz polluants. Une chaîne peut émettre par satellite ou par le câble.	= lâcher, envoyer
émission [f.]	Ausstoß Sendung	Une émission de gaz nocifs pollue l'air. ARTE diffuse des émissions culturelles.	= envoi, rejet

famille de mots	dt. Bedeutung	contexte/définition	synonyme/antonyme
émeute [f.]	Krawall	Une manifestation pacifique peut tourner à l'émeute.	= soulèvement
émigrant, e [f.] émigration [f.]	Auswanderer Auswanderung	Des émigrants français sont partis en Louisiane. L'émigration des Français au Canada s'est faite surtout au VIIIe siècle.	≠ immigrant, e ≠ immigration
émigrer	auswandern	Beaucoup d'Africains doivent émigrer pour vivre.	= s'expatrier, ≠ immigrer
emploi [m.] employer employeur, euse plein emploi [m.]	Arbeitsstelle beschäftigen, benutzen Arbeitgeber, -in Vollbeschäftigung	Le partage du travail pourrait créer des emplois. L'État emploie des fonctionnaires. Les employeurs se plaignent des charges sociales. Le plein emploi pour tous n'est plus garanti.	= place, travail, poste = recruter = patron = travail à temps plein ≠ emploi à temps partiel
empoisonnement [m.]	Vergiftung	Certains champignons provoquent un empoisonnement mortel.	= intoxication ≠ désintoxication
empoisonner	vergiften	Les usines qui rejettent des produits chimiques risquent d'empoisonner l'eau. L'arsenic est un poison violent.	= polluer, intoxiquer ≠ désintoxiquer
poison [m.]	Gift		
endroit [m.]	Ort, Platz	Le Mont Saint-Michel est un endroit touristique.	= lieu, place
énergie nucléaire [f.]	Atomenergie	La France produit de l'énergie nucléaire.	
engrais [m.]	Dünger	Les engrais sont utilisés pour nourrir le sol.	
ennui [m.]	Langeweile; Ärger	Si vous ne respectez pas les lois, vous aurez des ennuis.	= désagrément ≠ amusement, agrément
(s')ennuyer	(sich) langweilen	On risque de s'ennuyer dans les endroits qui n'offrent aucune distraction.	= s'embêter (pop.) ≠ s'amuser, se distraire
ennuyeux, euse	langweilig; ärgerlich	Ce film ne m'intéresse pas, je le trouve ennuyeux.	= sans intérêt, ≠ amusant

famille de mots	dt. Bedeutung	contexte/définition	synonyme/antonyme
enregistrement [m.]	Aufnahme	Au laboratoire de langue, les élèves écoutent l'enregistrement de leurs exercices.	
enregistrer	aufnehmen	On peut enregistrer un film qu'on aimerait revoir.	
enseignant, e	Lehrer, -in	Les enseignants français font cours l'après-midi.	= professeur, éducateur
enseignement [m.]	Lehre, Unterricht	L'enseignement religieux ne se fait pas à l'école.	= leçon, cours
enseigner	lehren	En général les professeurs enseignent une matière.	= apprendre
enthousiasme [m.]	Begeisterung	Les spectateurs applaudissent avec enthousiasme les performances de l'équipe.	= fougue, chaleur ≠ indifférence
(s')enthousiasmer	(sich) begeistern	Il est important que les jeunes puissent s'enthousiasmer pour le sport et la musique.	= se passionner ≠ se désintéresser
entourage [m.]	Umfeld	La scolarité des enfants dépend de leur entourage.	= milieu
entouré, e	umgeben	L'école est entourée d'un grand parc.	= environner, border
entraîner	verursachen	Le stress peut entraîner des problèmes de santé.	= amener, provoquer
entreprendre	unternehmen	Il faut du courage pour entreprendre un tel travail.	= commencer à réaliser
entreprise [f.]	Unternehmen	Les entreprises sont invitées à s'installer en province.	= action, usine, firme
envahir	überfallen, über etwas herfallen	Les insectes envahissent les récoltes et les détruisent parfois.	= attaquer, ≠ libérer
environnement [m.]	Umwelt	Les écologistes protègent l'environnement.	= entourage
environs [m. pl.]	Umgebung	Ce n'est pas loin, c'est dans les environs.	= alentours
s'épanouir	sich entfalten	Pour s'épanouir, les enfants ont besoin de calme.	
épanouissement [m.]	Aufblühen, Entfaltung	La Côte d'Azur doit son épanouissement au tourisme.	= développement, essor

famille de mots	dt. Bedeutung	contexte/définition	synonyme/antonyme
équilibre [m.] équilibrer	Gleichgewicht ausgleichen	Il a perdu l'équilibre et il est tombé. Il faut réduire les dépenses pour équilibrer le budget.	≠ déséquilibre ≠ déséquilibrer
équipe [f.] équipement [m.] (s')équiper	Mannschaft Ausstattung (sich) ausstatten, ausrüsten	Une équipe de football se compose de onze joueurs. Il faut un équipement pour pratiquer la plongée. Les jeunes entrepreneurs s'endettent pour s'équiper.	= matériel = munir, pourvoir
esclavage [m.] esclave [m./f.]	Sklaverei Sklave, Sklavin	Le travail des enfants est une forme d'esclavage. Trop de femmes sont encore esclaves de leur condition.	≠ liberté
espace [m.] spatial, e	Weltraum Weltraum-	Il y a des milliers de satellites dans l'espace. La fusée Ariane est à la base du programme spatial.	
espèce [f.]	Art, Gattung	Les loups sont une espèce protégée en France.	= sorte
espérance [f.] espérer espoir [m.]	Hoffnung, Erwartung hoffen Hoffnung	L'espérance de vie des femmes est un peu plus élevée que celle des hommes. Comment espérer trouver du travail sans diplôme ? Ils ont perdu tout espoir de retrouver des survivants.	= espoir, attente ≠ désespoir ≠ désespérer ≠ désespoir
essentiel, le	wesentlich	La monnaie unique est essentielle à la réussite de l'Union européenne.	= très important ≠ secondaire, accessoire
estival, e estivant, e	sommerlich Sommerurlauber, -in	Les roses sont des fleurs estivales. Les estivants sont des vacanciers d'été.	= vacancier
établir s'établir établissement [m.]	errichten, einrichten sich niederlassen Einrichtung, Firma	La France a établi des lois sur la vente de l'alcool. Les usines s'établissent dans les zones industrielles. Beaucoup d'établissements sont fermés en août.	= instituer, installer, fonder = s'installer = entreprise

famille de mots	dt. Bedeutung	contexte/définition	synonyme/antonyme
éteindre	ausschalten, löschen	En Corse, les feux de forêts sont difficiles à éteindre.	≠ allumer
étrange	seltsam, eigenartig	Les habitudes de certaines tribus africaines nous semblent étranges.	= bizarre, ≠ normal
étranger, ère à l'étranger	fremd, ausländisch im Ausland	Les lycéens apprennent des langues étrangères. Nous passons toutes nos vacances à l'étranger.	
études [f. pl.] étudiant, e étudier	Studium Student, -in studieren	Au lycée, les études mènent au baccalauréat. Les étudiants manquent de place à l'université. Il faut le bac pour pouvoir étudier à l'université.	
s'évader évasion [f.]	fliehen Flucht	Le week-end, les Parisiens s'évadent à la campagne. Chaque été voit l'évasion des citadins vers les plages et la montagne.	= fuir, se sauver = fuite
évitable éviter	vermeidbar vermeiden	Certaines catastrophes ne sont pas évitables. Les jours de grande pollution, il faut éviter de rouler.	≠ inévitable
évoluer évolution [f.]	sich entwickeln Entwicklung	La situation précaire des immigrés n'a guère évolué. L'évolution positive de sa maladie permet d'espérer sa guérison.	= se développer, ≠ stagner = développement ≠ immobilité, stabilité
exagérer	übertreiben	Il ne faut pas exagérer la gravité de la crise même si celle-ci est sérieuse.	= amplifier, dramatiser ≠ modérer, atténuer
excitant, e	aufregend, anregend	Les jeunes prennent des pilules excitantes pour mieux jouir de la musique.	= énervant ≠ calmant
exciter	aufregen	Trop de télévision peut exciter les jeunes enfants.	= énerver, ≠ calmer

famille de mots	dt. Bedeutung	contexte/définition	synonyme/antonyme
exclu, e	*ausgeschlossen*	Les sans domicile fixe sont exclus de la société.	= écarté, renvoyé ≠ intégré
exclure	*ausschließen*	C'est une possibilité qu'on ne peut pas exclure.	= renvoyer, mettre dehors
			≠ intégrer, accueillir, adopter
exclusif, ive	*exklusiv, alleinig*	L'usine a le droit exclusif de fabriquer ce produit.	= unique, réservé
exclusion [f.]	*Ausschluss*	À l'école, les élèves drogués risquent l'exclusion.	= renvoi, ≠ intégration
exclusivement	*ausschließlich*	Nous travaillons exclusivement avec des spécialistes.	= uniquement, seulement
exclusivité [f.]	*Alleinrecht*	Le journal a eu l'exclusivité de l'interview de la star.	= droit exclusif
exécuter	*ausführen*	Le soldat doit exécuter immédiatement les ordres.	= effectuer, faire
exigeant, e	*anspruchsvoll*	Les consommateurs sont de plus en plus exigeants.	= difficile, ≠ indulgent
exigence [f.]	*Forderung, Anspruch*	Pour répondre aux exigences des clients, les magasins sont ouverts jusqu'à 22 heures.	= demande
			≠ indulgence
exiger	*erfordern*	L'alpinisme est un sport qui exige de l'endurance.	= demander, vouloir
exode [m.]	*Flucht, Abwanderung*	L'exode rural provoque la fermeture des écoles dans les villages trop peu peuplés.	= fuite
expansion [f.]	*Wachstum*	L'électronique a favorisé l'expansion des télé-communications.	= développement, essor
			≠ déclin, affaiblissement
expérience [f.]	*Erfahrung, Versuch*	On reproche aux débutants leur manque d'expérience.	= test
expérimenter	*Versuche machen*	Les médicaments sont expérimentés sur des cobayes.	= tester
exploitation [f.]	*Nutzung, Ausbeutung*	L'exploitation des mines de charbon de Nord a pris fin.	
exploiter	*sich zu Nutze machen, ausbeuten*	Des hommes sans scrupules n'hésitent pas à exploiter les travailleurs clandestins.	
extérieur, e	*Außen-*	Le marché extérieur français se porte plutôt bien.	≠ intérieur

famille de mots	dt. Bedeutung	contexte/définition	synonyme/antonyme
extermination [f.] exterminer	Vernichtung ausrotten	Ce polluant provoque l'extermination de la faune. Les Indiens d'Amérique furent exterminés.	= mort, destruction = anéantir, éliminer
faim [f.] famine [f.]	Hunger Hungersnot	Donne-leur à manger, ils ont faim. Il n'y a plus rien à manger, c'est la famine.	
faire-part [m.]	Bekanntgabe	Il a mis un faire-part dans le journal local pour annoncer la naissance de son fils.	
fatal, e	verhängnisvoll	L'inattention au volant peut être fatale.	= inexorable, inévitable ≠ évitable
faune [f.]	Tierwelt	Les animaux qui peuplent la région forment la faune.	
faute [f.] faute de fautif, ive faux, fausse	Schuld, Fehler aus Mangel an schuldig falsch	Une faute de pilotage a provoqué l'accident d'avion. Faute d'argent, il ne peut pas partir en vacances. Il se sent fautif devant les reproches qu'on lui fait. Les chiffres publiés sont faux.	= erreur, culpabilité = par manque de = coupable, ≠ innocent = inexact, ≠ exact, juste, vrai
faveur [f.]	Vorteil, Gunst	Ici, les vacanciers bénéficient de la faveur du climat et du paysage.	= avantage, complaisance ≠ désavantage
(être) favorable	befürworten, billigen	Les députés n'étant pas favorables à cette loi, elle n'a pas été votée.	= être pour qc-/qn. ≠ (être) défavorable
favori, ite	Lieblings-	La boxe et le tennis sont ses sports favoris.	= préféré
favoriser	begünstigen	Les congés payés ont favorisé l'industrie du tourisme.	= avantager, ≠ désavantager
féminin, e	weiblich, Frauen-	Bien que très sportive, cette fille reste féminine.	
feuilleton [m.]	Fernsehserie	Les feuilletons américains sont appréciés en France.	= série

famille de mots	dt. Bedeutung	contexte/définition	synonyme/antonyme
financement [m.]	Finanzierung	Le financement des autoroutes est assuré par le péage.	= payer, fournir de l'argent
financer	finanzieren	Les écoles et les hôpitaux sont financés par la région.	
finances [f. pl.]	Finanzen	Le ministre des Finances gère le budget de l'Etat.	
financier, ière	Geld-, finanziell	La banque peut aider à régler un problème financier.	
fisc [m.]	Fiskus, Steuerbehörde	Le fisc lui réclame les impôts impayés.	
fiscal, e	steuerlich, Steuer-	La réforme fiscale est faite en faveur des familles.	
flore [f.]	Pflanzenwelt	L'ensemble des plantes constitue la flore de la région.	
fonctionnaire [m.]	Beamter	Un fonctionnaire est employé par l'Etat.	
Forêt [f.] Vierge	Regenwald	La Forêt Vierge est aussi appelée forêt amazonienne.	
formation [f.] professionnelle	Berufsausbildung	La formation professionnelle peut se faire au lycée ou en apprentissage en usine.	= apprentissage
foule [f.]	Menschenmenge	Le samedi, la foule se presse dans les magasins.	= cohue
fournir	liefern, besorgen	Il est trop facile de se fournir de la drogue.	= procurer
fournisseur, euse	Lieferant, -in	Les fournisseurs de drogue sont appelés dealers.	= pourvoyeur
fournisseur d'accès [m.]	Provider	Easynet France est un fournisseur d'accès français.	
foyer [m.] d'accueil	(Übergangs-) Wohnheim	Les sans-abri peuvent loger gratuitement plusieurs nuits dans un foyer d'accueil.	= centre d'accueil
frais [m. pl.]	Kosten	Certains frais peuvent être déduits des impôts.	= dépense

famille de mots	dt. Bedeutung	contexte/définition	synonyme/antonyme
fraude [f.]	Betrug	La fraude électorale oblige à refaire les élections.	= tricherie, tromperie
frauder	betrügen	L'informatisation devrait empêcher de frauder sur la déclaration d'impôts.	= tricher, tromper
fréquent, e	häufig	En été, il fait très chaud et les orages sont fréquents.	= nombreux, répété, ≠ rare
fréquentation [f.]	Umgang, Kontakt	Les mauvaises fréquentations peuvent conduire à la délinquance.	= contact, rapport
fréquenter	verkehren, besuchen	Cet élève a fréquenté notre lycée pendant sept ans.	= être en relation
frustrant, e	frustrierend	Les résultats obtenus dans la lutte contre la misère sont frustrants.	= décevant, démoralisant ≠ encourageant
frustration [f.]	Enttäuschung	Après la défaite de l'équipe, la frustration des supporters fut grande.	= insatisfaction, déception ≠ satisfaction
frustré, e	frustriert, enttäuscht	Les diplômés sans emploi se sentent frustrés.	= déçu, insatisfait, ≠ satisfait
fuir	fliehen	Les réfugiés ont dû fuir leur pays.	= s'échapper, se sauver
fuite [f.]	Flucht	Le malfaiteur en fuite a été repris par la police.	= évasion
fusée [f.]	Rakete	La fusée sert à mettre un satellite sur orbite.	
gagnant, e	Gewinner	Le gagnant de la compétition recevra un prix.	= vainqueur, ≠ perdant
gagner	verdienen, gewinnen	Les travailleurs se plaignent de gagner trop peu d'argent.	= réussir, vaincre, recevoir ≠ perdre
gain [m.]	Gewinn, Verdienst	Beaucoup d'entreprises réinvestissent leurs gains pour se moderniser.	= bénéfice, profit ≠ perte
galère [f.]	Schinderei, Plage	À Paris, c'est la galère pour trouver un logement.	= tracasserie, ≠ facilité
gaspillage [m.]	Verschwendung	Il faudra cesser le gaspillage de l'énergie.	≠ économie
gaspiller	vergeuden	L'eau est rare et précieuse, il ne faut pas la gaspiller.	≠ économiser

famille de mots	dt. Bedeutung	contexte/définition	synonyme/antonyme
gaz [m.] carbonique	Kohlendioxid	Le gaz carbonique est un polluant de l'air.	
gaz [m.] d'échappement	Auspuffgas	Les gaz d'échappement sont émis par les automobiles.	
gênant, e	hinderlich, störend	À Paris, le nombre élevé des automobiles est gênant pour la circulation.	= embarrassant, dérangeant ≠ commode, pratique
gêner	stören, (be)hindern	Le nombre élevé des étudiants gêne le travail à l'université.	= déranger, embarrasser ≠ débarrasser, faciliter
gène [m.]	Gen	La manipulation des gènes est contrôlée par la loi.	
génétique [f.] [subst./adj.]	Genetik; genetisch	La génétique étudie l'influence des gènes. Les manipulations génétiques sont-elles dangereuses ?	
transgénique	genmanipuliert	Les céréales transgéniques sont interdites en France.	
organisme [m.] génétiquement modifié (O.G.M.)	genveränderter Organismus	Les O.G.M. sont encore interdits en France.	
gérer	verwalten	Pour mieux gérer la province, le gouvernement a délégué des pouvoirs aux conseillers régionaux.	= administrer
gestion [f.]	Verwaltung	La rentabilité d'une entreprise dépend d'une bonne gestion financière.	= administration
goût [m.]	Geschmack	Il y a un grand choix pour tous les goûts.	
goûter	kosten, versuchen	Il a goûté et il a beaucoup aimé ce plat.	= essayer
gouvernement [m.]	Regierung	Le Premier ministre choisit son gouvernement.	
gouvernemental, e	Regierungs-	Le pouvoir exécutif est un pouvoir gouvernemental.	
gouverner	regieren	Pendant la cohabitation, le président doit gouverner avec un Premier ministre de l'opposition.	= diriger, conduire
gratuit, e	kostenlos, frei	Depuis 1881, l'école publique française est gratuite.	≠ payant

famille de mots	dt. Bedeutung	contexte/définition	synonyme/antonyme
graver	brennen	Pour copier un CD, on le grave avec l'ordinateur.	
grève [f.]	Streik	La grève des transports cause des embouteillages.	
gréviste	Streikender	Des grévistes en colère ont bloqué les autoroutes.	
gros titres [m. pl.]	Schlagzeile	Cet événement fait les gros titres de tous les journaux.	= la une
guérir	heilen	Il y a encore beaucoup de maladies qu'on ne peut pas guérir.	= soigner, rétablir ≠ rendre/tomber malade
guérison [f.]	Heilung	Il devra rester au lit jusqu'à sa guérison complète.	= rétablissement
guérissable	heilbar	Le SIDA n'est pas encore guérissable.	= curable, ≠ incurable
habitant, e	Einwohner, -in	On a dû évacuer les habitants de la région polluée.	= logement
habitation [f.]	Wohnung, Unterkunft	Les H.L.M. sont des habitations à loyer modéré.	
habitude [f.]	Gewohnheit	Il a l'habitude de passer ses vacances en Bretagne.	= coutume, usage
habituel, le	gewohnt, üblich	Cette façon de procéder nous surprend car elle n'est pas habituelle.	= ordinaire, coutumier ≠ inaccoutumé; inhabituel
habituellement	gewöhnlich	Habituellement, la plupart des Français prennent leurs vacances en août.	= normalement; d'habitude ≠ exceptionnellement
(s')habituer	(sich) gewöhnen	Il faut s'habituer à la monnaie européenne.	= se faire à, ≠ (se) déshabituer
haine [f.]	Hass	Les xénophobes ont de la haine pour les étrangers.	= animosité, ≠ amour; amitié
haineux, euse	hasserfüllt, gehässig	Les propos racistes sont souvent haineux.	= méchant, ≠ amical; gentil
haïr	hassen	Il est difficile de ne pas haïr ses ennemis.	= détester, ≠ aimer, chérir, adorer
hausse [f.]	Erhöhung, Steigerung	La hausse des prix restreint le pouvoir d'achat.	= montée, ≠ baisse
hausser	steigern, erhöhen	La sono permet de hausser le son.	= monter, ≠ baisser

famille de mots	dt. Bedeutung	contexte/définition	synonyme/antonyme
hebdomadaire	wöchentlich	Une revue hebdomadaire paraît toutes les semaines.	
hésitant, e	zögernd, unsicher	Il a peur, il avance d'un pas hésitant.	= indécis ≠ décidé
hésitation [f.]	Zögern	Après bien des hésitations, elle s'est décidée à partir.	= indécision, ≠ décision
hésiter	zögern	N'hésitez pas à m'appeler si vous avez besoin d'aide.	≠ se décider
hivernal, e	winterlich	Pendant la saison hivernale, les intempéries empêchent les chantiers de construction de travailler.	≠ estival
honte [f.]	Scham, Schande	Parce qu'ils ont honte, les pauvres n'osent pas demander de l'aide.	= gêne ≠ fierté, orgueil, honneur
honteux, euse	beschämt; unverschämt	Il est honteux de la conduite de ses enfants. Comment osez-vous parler ainsi, c'est honteux !	= gêné, ≠ fier, orgueilleux = insolent
hospitaliser	in ein Krankenhaus einliefern	Son état est grave, il faut l'hospitaliser d'urgence.	
hostile	feindlich	La société est plutôt hostile aux sans-abri.	= ennemi, ≠ amical
hostilité [f.]	Feindseligkeit	Les usagers montrent leur hostilité envers les grèves.	= animosité, ≠ bienveillance
humain	menschlich	Le travail obligatoire des enfants n'est pas humain.	= bon, ≠ inhumain
humanité [f.]	Menschheit; Menschlichkeit	La pollution menace l'humanité tout entière. La justice doit faire preuve d'humanité.	= race humaine, hommes, bonté, ≠ méchanceté, dureté
icône [f.]	Ikon, Symbol	Les icônes se trouvent sur la barre de menus.	
carte [f.] d'identité	Personalausweis	En cas de contrôle, il faut avoir sa carte d'identité.	
immigration [f.]	Einwanderung	L'État a pris des mesures pour limiter l'immigration.	≠ émigration
immigré, e	Einwanderer, Einwanderin	En France, les immigrés sont en majeure partie d'origine africaine et asiatique.	≠ émigré
immigrer	einwandern	Il faut un permis de séjour pour immigrer en France.	≠ émigrer

famille de mots	dt. Bedeutung	contexte/définition	synonyme/antonyme
impératif, ive	zwingend, verbindlich	Le port de la ceinture de sécurité est impératif.	= obligatoire, ≠ facultatif
impôt [m.]	Steuer	Les gens riches paient un impôt sur la fortune.	= taxe
imprimante [f.] imprimer	Drucker drucken	L'imprimante au laser a une bonne qualité d'écriture. Johannes Gutenberg a imprimé la première bible.	
impuissance [f.]	Machtlosigkeit	L'État reconnaît son impuissance devant la montée du chômage des jeunes.	= incapacité, impossibilité ≠ capacité, pouvoir
impuissant, e	hilflos, machtlos	On est impuissant devant les catastrophes naturelles.	= inefficace, ≠ efficace
inadapté, e	unangepasst, ungeeignet	L'infrastructure est inadaptée aux besoins de Paris.	≠ adapté
incendie [m.] incendier	Brand Feuer legen	Le vent et la sécheresse causent des incendies. Des casseurs ont incendié des voitures.	= feu = brûler, mettre le feu
incertain, e incertitude [f.]	ungewiss, unsicher Ungewissheit	L'avenir de l'industrie minière française est incertain. L'incertitude de l'avenir économique n'encourage pas l'investissement.	= précaire, ≠ certain, sûr, ≠ certitude, conviction
incitation [f.]	Anregung, Verleitung	Les sucreries sont parfois une incitation à la gourmandise.	= tentation, invitation ≠ dissuasion
inciter à	verleiten, anregen	Les vacances incitent au voyage et aux joies du plein air.	= inviter, tenter ≠ déconseiller, dissuader
inconvénient [m.]	Nachteil, Unannehmlichkeit	Les inconvénients de la vie urbaine poussent les gens à préférer la campagne.	= désavantage ≠ avantage
indemniser indemnité [f.]	entschädigen Entschädigung	Une assurance indemnise les victimes. Les chômeurs reçoivent une indemnité qui est calculée sur leur dernier salaire.	= dédommager = dédommagement

famille de mots	dt. Bedeutung	contexte/définition	synonyme/antonyme
indépendance [f.]	Unabhängigkeit	Les anciennes colonies françaises ont obtenu leur indépendance.	= liberté, autonomie ≠ dépendance
indépendant, e	unabhängig	La France veut rester indépendante de l'OTAN.	= autonome, ≠ dépendant
indifférence [f.]	Gleichgültigkeit	Trop de gens meurent de faim et de froid dans l'indifférence générale.	= désintéressement ≠ émotion, sensibilité
indifférent, e	gleichgültig	Le ministre est loin d'être indifférent aux problèmes des jeunes.	= insensible ≠ ému, sensible, troublé
indignation [f.] indigne indigner	Entrüstung unwürdig empören	Le renvoi de clandestins a provoqué l'indignation. Ces mesures sont indignes d'un pays civilisé. Les scandales politiques indignent les citoyens.	= colère, révolte = bas, méprisable, ≠ digne = révolter, ≠ réjouir
indispensable	unentbehrlich, unerlässlich	L'entraînement est indispensable à la pratique de nombreux sports.	= obligatoire, nécessaire ≠ inutile
individuel, le	Einzel-, individuell	La course automobile est un sport individuel.	= personnel, ≠ collectif
indulgence [f.]	Nachsicht	L'artiste débutant demande l'indulgence du public.	= bienveillance, tolérance ≠ sévérité, rigueur
indulgent, e	nachsichtig	Ce professeur est très indulgent envers les élèves.	= bienveillant, tolérant ≠ sévère, dur, rigoureux
industrialiser industriel, le	industrialisieren industriell, gewerblich	Airbus a contribué à industrialiser le Sud-Ouest. Généralement, la zone industrielle se trouve à la périphérie de la ville.	
inégal, e	ungleich	Les chances de réussite à l'école sont inégales.	= différent, ≠ égal, pareil, tel

famille de mots	dt. Bedeutung	contexte/définition	synonyme/antonyme
inépuisable	*unerschöpflich*	Les ressources naturelles ne sont pas inépuisables, économisons-les !	= intarissable, sans fin ≠ tarissable, épuisable,
inflation [f.]	*Inflation*	La hausse des prix provoque l'inflation.	≠ déflation
influençable	*beeinflussbar*	Les adolescents influençables se laissent entraîner à commettre des délits.	
influence [f.] influencer influent, e	*Einfluss beeinflussen einflussreich*	Certains films ont une influence sur les jeunes. Cet événement a influencé l'opinion publique. C'est un homme très influent dans le gouvernement.	= effet, ascendant =avoir un effet sur
informaticien, ne	*Informatiker, -in*	Un programmeur est un informaticien qui écrit des programmes pour ordinateur.	
informatique [f.] informatiser	*Informatik auf EDV umstellen*	L'informatique a révolutionné la vie d'aujourd'hui. Les entreprises ont dû s'informatiser.	
information [f.]	*Nachricht*	Les informations sont transmises rapidement.	= nouvelle
infrastructure [f.]	*Infrastruktur*	Une infrastructure insuffisante empêche le développement d'une région.	
ingénieur [m.]	*Ingenieur*	Gustave Eiffel est un ingénieur français célèbre.	
injuste injustice [f.] injustifié, e	*ungerecht Ungerechtigkeit ungerechtfertigt*	Le verdict du procès a semblé injuste. La crise économique aggrave l'injustice sociale. Votre demande est injustifiée, nous la rejetons.	≠ juste ≠ justice ≠ justifié
innocence [f.] innocent, e	*Unschuld unschuldig*	Accusé injustement, il a pu prouver son innocence. Il n'est pas coupable, il est innocent.	≠ culpabilité ≠ coupable

famille de mots	dt. Bedeutung	contexte/définition	synonyme/antonyme
inquiet, iète **inquiétant, e**	*besorgt* *beunruhigend*	Les jeunes sont inquiets devant la hausse du chômage. Le déséquilibre entre les réserves d'eau et la consommation est inquiétant.	= soucieux, ≠ insouciant = menaçant, alarmant ≠ rassurant
inquiéter **inquiétude [f.]**	*beunruhigen* *Beunruhigung*	La concurrence étrangère inquiète les industriels. Les enseignants ont exprimé leur inquiétude de voir la violence se développer.	= alarmer, ≠ rassurer = souci, crainte ≠ quiétude
insensible	*gleichgültig*	La faim dans le monde ne doit pas laisser insensible.	= indifférent, ≠ sensible
insertion [f.]	*Eingliederung*	Le R.M.I. est un revenu minimum d'insertion.	= intégration, ≠ exclusion
insouciance [f.]	*Sorglosigkeit*	L'insouciance peut être dangereuse quand elle concerne l'écologie.	= indifférence, ≠ inquiétude, souci
insouciant, e	*unbekümmert, sorglos*	En vacances il est agréable d'oublier ses problèmes, d'être insouciant.	= indifférent ≠ inquiet, soucieux
installation [f.]	*Niederlassung, Errichtung*	Les habitants refusent l'installation d'un réacteur nucléaire dans la région.	= établissement
installer **s'installer**	*Einrichten, installieren* *sich niederlassen*	Pour utiliser un logiciel on l'installe sur l'ordinateur. Les usines quittent Paris pour s'installer en province.	= établir = s'établir, ≠ déménager
instauration [f.] **instaurer**	*Einführung, Gründung* *einführen, einsetzen*	L'instauration de la République a suivi la révolution. Le gouvernement va instaurer une nouvelle politique.	= institution, création = établir, instituer
insuffisance [f.] **insuffisant, e** **suffire**	*Mangel* *ungenügend* *ausreichen*	L'insuffisance des pluies a réduit la récolte de moitié. La capacité des autoroutes est insuffisante en été. L'offre ne suffit pas à satisfaire la demande.	= manque, ≠ suffisance ≠ suffisant ≠ manquer
s'insurger	*sich empören*	Les écologistes s'insurgent contre la pollution.	= se révolter, ≠ se résigner

famille de mots	dt. Bedeutung	contexte/définition	synonyme/antonyme
intégration [f.]	Integration	L'intégration des travailleurs immigrés commence par l'apprentissage de la langue du pays d'accueil.	= insertion ≠ exclusion
s'intégrer	sich integrieren	Les jeunes s'intègrent plus facilement que les parents.	= s'insérer, ≠ s'isoler
interdiction [f.]	Verbot	On doit respecter l'interdiction de fumer dans certains lieux publics.	= défense ≠ permission, autorisation
interdire	verbieten	Il est interdit de rouler après avoir bu de l'alcool.	= défendre, ≠ permettre
intérieur, e	Innen-	Le ministre de l'Intérieur est le chef de la police.	≠ extérieur
Interrompre	unterbrechen	Il a dû interrompre ses vacances à cause d'un accident.	= couper, arrêter, ≠ continuer
interruption [f.]	Unterbrechung	La machine fonctionne 24 h sur 24, sans interruption.	= arrêt, coupure
investir	investieren, anlegen	La France investit des capitaux dans la recherche.	= placer
investissement [m.]	Investition	Il s'est enrichi grâce à des investissements judicieux.	= placement
isolement [m.]	Einsamkeit	L'isolement est un des maux de la société moderne.	= solitude, ≠ compagnie
isoler	trennen, isolieren	Les chercheurs ont réussi à isoler le virus du SIDA.	= séparer, ≠ rassembler
s'isoler	sich zurückziehen	Fatigué du bruit, il cherche à s'isoler pour se reposer.	= se retirer, ≠ se mêler
jalouser	beneiden	Ses collègues jalousent son succès.	= envier
jalousie [f.]	Eifersucht, Neid	L'infidélité de sa femme a provoqué sa jalousie.	= envie
jaloux, ouse	eifersüchtig, neidisch	Il est insatisfait, jaloux du bonheur des autres.	= envieux, se
jardin [m.]	Garten	Le jardin botanique de Paris est très visité.	
jardiner	im Garten arbeiten	Jardiner est un loisir très apprécié des Français.	

famille de mots	dt. Bedeutung	contexte/définition	synonyme/antonyme
jeu [m.] télévisé	Fernsehquiz	Certains jeux télévisés permettent aux participants de gagner de l'argent ou des cadeaux.	
jeu vidéo [m.]	Videospiel	Le jeu vidéo peut s'utiliser sur un ordinateur.	
jouer	spielen	Beaucoup de Français aiment jouer aux boules.	
joueur, euse	Spieler, -in	Il y a onze joueurs dans une équipe de football.	
jouir de qc.	etwas genießen	Les Français jouissent en moyenne de cinq semaines de congés payés.	= bénéficier, apprécier ≠ être privé de
journal [m.]	Tageszeitung	Pour beaucoup de Français, les informations télévisées ne remplacent pas le journal.	= quotidien
journalier, ière	täglich	Le brossage journalier des dents est indispensable.	= quotidien
journée [f.]	Tag, Tagesablauf	Les vacanciers aiment passer la journée sur la plage.	= tout le jour
juridique	rechtlich, juristisch	Les entreprises emploient un conseiller juridique.	
juste	gerecht, richtig, knapp (so)eben; zu Recht	L'innocent paie pour le coupable, ce n'est pas juste. Tu tombes bien, je voulais justement te voir.	= équitable, ≠ injuste
justement	Richtigkeit		
justesse [f.] de justesse	knapp	Personne ne doute de la justesse de ses affirmations. Il a gagné les élections de justesse.	= exactitude, ≠ inexactitude
justice [f.]	Gerechtigkeit	Il demande justice et réparation pour le préjudice subi	≠ injustice
laboratoire [m.]	Labor	Ce lycée dispose d'un laboratoire de langue.	
laïc, laïque laïcisme [m.]	weltlich, religiös unabhängig Trennung von Kirche und Staat	En France, les écoles de l'État sont laïques et gratuites. Le laïcisme est une doctrine qui ôte tout caractère religieux à l'enseignement.	≠ confessionnel

famille de mots	dt. Bedeutung	contexte/définition	synonyme/antonyme
laxisme [m.] laxiste	Laxheit lasch, lax	Une trop grande indulgence peut mener au laxisme. Certains délits restent impunis par une loi trop laxiste.	= laisser-aller, ≠ sévérité = indulgent, ≠ sévère
légal, e légaliser	rechtmäßig rechtlich anerkennen, legalisieren	On ne peut pas faire cela, ce n'est pas légal. La France a décidé de légaliser le contrôle des naissances.	= permis par la loi, ≠ illégal
légalité [f.] loi [f.]	Rechtmäßigkeit Gesetz	Il n'est pas condamnable, il a agi en toute légalité. La loi doit être la même pour tous.	≠ illégalité
lecteur, trice	Leser, -in	Les lecteurs d'un journal sont souvent abonnés.	
lecteur [m.] de	Laufwerk	Les ordinateurs sont en général munis de lecteurs.	
libération [f.]	Befreiung	La libération de la France par les armées alliées a commencé en juin 1944.	≠ emprisonnement, occupation
liberté [f.]	Freiheit	Liberté, égalité, fraternité sont les devises de la République française.	= indépendance, autonomie, ≠ esclavage, contrainte
libre	frei	Les hommes naissent libres et égaux en droit. (Déclaration des droits de l'homme)	= indépendant, autonome, ≠ esclave, dépendant
licenciement [m.] licencier	Entlassung entlassen	Une loi protège les employés contre le licenciement. Pour rationaliser il faut souvent licencier.	= renvoi, ≠ embauche = débaucher, ≠ embaucher
limitation [f.] de vitesse	Geschwindigkeits-begrenzung	La limitation de vitesse est de 50 km/h en ville.	
limite [f.] limiter	Grenze, Höchst- begrenzen	Attention, ma patience a des limites. En période de sécheresse, il faut limiter la consommation d'eau.	= borne, bout = borner, restreindre, ≠ étendre, agrandir
illimité, e	unbeschränkt	Les crédits accordés par l'État ne sont pas illimités.	= sans limite, ≠ limité

famille de mots	dt. Bedeutung	contexte/définition	synonyme/antonyme
local, e [adj.]	lokal	Nice Matin est un quotidien de la presse locale du sud de la France.	
logement [m.]	Wohnung, Unterkunft	Les sans-abri n'ont pas de logement.	= habitation
loger	wohnen	Loger dans le centre de Paris coûte cher.	= habiter
logiciel [m.]	Programm, Software	Word est un logiciel utilisé pour le traitement de texte.	= programme
loisir [m.]	Freizeit	La lecture est un loisir conseillé par les enseignants.	= temps libre
lutte [f.]	Kampf	La lutte contre la maladie du cancer n'est pas encore gagnée.	= bataille, combat ≠ résignation
lutter	kämpfen	Les femmes ont dû lutter pour obtenir le droit de vote.	= se battre, combattre ≠ se résigner
magazine [m.]	Zeitschrift	Géo est un magazine international spécialisé.	= revue
main-d'œuvre [f.]	Arbeitskraft, Belegschaft	Tous les ouvriers qui constituent la main d'œuvre de l'usine sont en grève.	= ensemble des ouvriers
maire [m.]	Bürgermeister	Le maire administre la commune.	
mairie [f.]	Rathaus	C'est à la mairie que siège le conseil municipal.	= hôtel de ville
majeur, e	volljährig	Pour avoir le droit de voter il faut être majeur.	≠ mineur
majoritaire	mehrheitlich	Il a démissionné, son parti n'étant plus majoritaire.	≠ minoritaire
majorité [f.]	Mehrheit; Volljährigkeit	En France, l'âge de la majorité est fixé à dix-huit ans.	≠ minorité
maltraiter	misshandeln	Il y a un foyer d'accueil pour les femmes maltraitées.	

famille de mots	dt. Bedeutung	contexte/définition	synonyme/antonyme
manifestant, e manifestation [f.]	Demonstrant, -in Demonstration	Les manifestants se sont heurtés aux forces de police. La manifestation réunit beaucoup de gens dans la rue.	= protestataire
manifester	äußern, demonstrieren	Les étudiants ont manifesté leur opposition à la loi.	= montrer, protester
marchandise [f.] marché [m.] du travail marché [m.] intérieur	Ware Arbeitsmarkt Binnenmarkt	La marchandise invendue est soldée à bas prix. Chaque été, des jeunes arrivent sur le marché du travail. Le marché intérieur européen lutte contre la concurrence asiatique.	
marée [f.] noire	Ölpest	La marée noire pollue la mer, les côtes et les plages.	
marginal, e marginaliser marginalité [f.]	Außenseiter ausgrenzen Existenz am Rand der Gesellschaft	Les marginaux refusent le conformisme de la société. La pauvreté contribue à marginaliser ses victimes. La marginalité des sans-abri empêche leur réinsertion dans la vie sociale.	
matière [f.] première	Rohstoff	La matière première est transformée en un produit industriel.	
média [m.] médiatisation [f.] médiatiser	Medien Verbreitung durch Medien verbreiten durch Medien	La presse, la radio, la télé, Internet sont des médias. La médiatisation d'un événement est sa publication. Faut-il vraiment médiatiser les actes terroristes?	
mécontent, e mécontentement [m.]	unzufrieden Unzufriedenheit	Il est mécontent des résultats obtenus. Il a exprimé son mécontentement dans une lettre de protestation.	= insatisfait, ≠ content = insatisfaction, déplaisir ≠ satisfaction
mécontenter	missfallen, verärgern	Pour ne pas mécontenter ses électeurs, l'homme politique a renoncé à son projet.	= contrarier, déplaire ≠ contenter, satisfaire

famille de mots	dt. Bedeutung	contexte/définition	synonyme/antonyme
méfait [m.]	schädliche Folge, Übel; Missetat	Le cancer est un des plus grands méfaits du tabac.	= dommage, mal, ≠ bienfait
méfiance [f.]	Misstrauen	La méfiance est mère de la sûreté. (proverbe)	= défiance, ≠ confiance
méfiant, e	misstrauisch	Il est trop méfiant, il ne fait confiance à personne.	≠ confiant
se méfier	sich hüten, misstrauen	Il faut se méfier des rayons du soleil.	= se défier, ≠ faire confiance
mémoire [f.]	Speicher	La mémoire de l'ordinateur est l'ensemble de bytes dont il dispose pour effectuer son travail.	
menaçant, e	drohend, bedrohlich	Les nuages sont menaçants, il va pleuvoir.	= inquiétant, ≠ rassurant
menace [f.]	(Be)Drohung	La pollution est une menace pour notre survie.	= danger
menacer	bedrohen	Le chômage menace de plus en plus de travailleurs.	≠ rassurer
mendiant, e	Bettler, -in	Les mendiants font appel au bon cœur des gens.	= demander l'aumône
mendier	betteln	Les sans-abri sont souvent obligés de mendier.	
mensuel, le [adj.]	monatlich	Une publication mensuelle paraît une fois par mois.	
mépris [m.]	Verachtung	Cette attitude doit être considérée avec mépris.	= dédain, ≠ considération
méprisable	verachtenswert	Le racisme est un sentiment méprisable.	= bas, vil, ≠ admirable
méprisant, e	verächtlich	La société se montre souvent méprisante envers les exclus.	= arrogant, dédaigneux ≠ respectueux
mépriser	verachten	Il faut mépriser les menaces du terrorisme.	= dédaigner, ≠ estimer
au mépris de	ungeachtet, trotz	Il roule vite, au mépris de toute prudence.	= sans considérer
mesurer	messen, einteilen	Un sportif doit savoir mesurer ses forces.	
prendre des mesures	Maßnahmen ergreifen	Il faut prendre des mesures contre l'épidémie.	
métier [m.]	Beruf	Le lycée professionnel prépare à l'exercice d'un métier.	= profession

famille de mots	dt. Bedeutung	contexte/définition	synonyme/antonyme
météo [f.]	*Wetterbericht*	La météo du journal télévisé français prévoit le temps pour les trois jours à venir.	
mineur, e	*klein, geringfügig; minderjährig*	Ce n'est pas grave, c'est un délit mineur. / L'enfant mineur est sous la tutelle de ses parents.	= petit, sans gravité / ≠ majeur
minoritaire	*in der Minderheit*	Le candidat minoritaire n'est pas élu.	≠ majoritaire
minorité [f.]	*Minderheit*	Les minorités ethniques sont confrontées au racisme.	≠ majorité
ministère [m.]	*Ministerium*	Les médicaments dépendent du ministère de la Santé.	
ministre [m.]	*Minister*	Le ministre de l'Éducation nationale a changé les programmes scolaires.	
misérable	*elend, jämmerlich*	Aujourd'hui encore, il y a en France des gens misérables qui ont faim.	= très pauvre / ≠ riche, prospère
misère [f.]	*Elend*	La perte du travail peut conduire à la misère.	= pauvreté, ≠ prospérité
misogyne	*frauenfeindlich*	On reproche à la politique française d'être misogyne.	
(se) mobiliser	*etwas unternehmen*	L'État demande aux Français de se mobiliser pour lutter contre la crise.	= s'unir pour entreprendre
modération [f.]	*Mäßigkeit, Maß*	Il faut boire avec modération avant de conduire.	≠ exagération, excès
modéré, e	*gemäßigt*	Il est très modéré dans ses réactions.	≠ exagéré, immodéré
modification [f.]	*Änderung*	Avant de mettre cet appareil en service, il faut y apporter une modification.	= transformation
modifier	*verändern*	La télévision a profondément modifié notre vie.	= transformer, changer

famille de mots	dt. Bedeutung	contexte/définition	synonyme/antonyme
monétaire	Geld-, Währungs-	Paris et Bonn ont créé ensemble un conseil économique et monétaire.	
monnaie [f.]	Währung	L'Euro est la monnaie de nombreux Européens.	= devise, argent
monopole [m.]	Monopol	Un brevet spécial peut garantir le monopole de fabrication d'un produit.	
monopoliser	monopolisieren	L'État monopolise le commerce du tabac.	
mort [f.]	Tod	L'annonce de sa mort nous a bouleversés.	= décès, trépas, ≠ vie
mortalité [f.]	Sterblichkeit	La mortalité infantile est élevée en Afrique.	≠ immortalité
mortel, le	tödlich, sterblich	Une over-dose est une dose mortelle de drogue.	= fatal, ≠ immortel
mourir	sterben	Allons manger, je meurs de faim.	= décéder, ≠ naître
moteur [m.] de recherche	Suchmaschine	Wanadoo et Google sont des moteurs de recherche.	
moyen [m.]	Mittel	Il faut avoir les moyens pour partir en vacances.	= possibilité, argent
moyen, ne	durchschnittlich	L'âge moyen des bacheliers français est de 18 ans.	
muni, e de	ausgestattet mit	Le Concorde est muni d'un moteur à réaction.	= équipé, ≠ démuni
(se) munir	(sich) ausstatten	Il faudrait munir chaque voiture d'un catalyseur.	= (s')équiper, ≠ (se) démunir
municipal, e	Gemeinde-	Le conseil municipal administre la commune.	= communal
municipalité [f.]	Gemeinde	La France compte, en Europe, le plus grand nombre de petites municipalités de moins de 2 000 habitants.	= commune
naissance [f.]	Geburt	Le contrôle des naissances permet d'éviter les familles nombreuses.	= venue au monde ≠ mort
naître	geboren werden	Les hommes naissent libres et égaux en droit.	= venir au monde, ≠ mourir
natal, e	Geburts-, Heimat-	La France est son pays natal.	

famille de mots	dt. Bedeutung	contexte/définition	synonyme/antonyme
nation [f.]	*Nation*	Le 14 juillet est la fête de la nation.	= pays, État
national, e	*national*	La Marseillaise est l'hymne national français.	
nationalisation [f.]	*Verstaatlichung*	La nationalisation d'une entreprise est son rachat par l'État.	≠ privatisation
nationalité [f.]	*Nationalität*	La nationalité doit figurer sur le passeport.	
naturalisation [f.]	*Einbürgerung*	Un étranger peut demander sa naturalisation dans le pays d'accueil.	
naturaliser	*einbürgern*	À 18 ans, les étrangers nés en France peuvent demander à être naturalisés.	
nécessaire	*notwendig*	Un bon hygiène alimentaire est nécessaire à la santé.	= indispensable, ≠ inutile
nécessité [f.]	*Notwendigkeit*	La nécessité de trouver des sources d'énergie a conduit à la construction des réacteurs nucléaires.	= obligation, utilité ≠ inutilité
nécessiter	*erfordern*	La mise en circulation de l'Euro a nécessité une longue préparation.	= exiger, demander
négociation [f.]	*Verhandlung*	L'échec des négociations entre le patronat et les syndicats a provoqué une grève.	= discussion
négocier	*verhandeln*	Les ennemis se sont rencontrés pour négocier la paix.	= discuter, traiter
niveau [m.] **de vie**	*Lebensstandard*	Le niveau de vie dépend du pouvoir d'achat.	
nocif, ive	*schädlich*	L'alcool est un produit nocif à la santé.	= mauvais, nuisible
nocivité [f.]	*Schädlichkeit*	La nocivité des engrais pour la nappe phréatique pose un problème aux agriculteurs français.	
nomination [f.]	*Ernennung*	Il espère sa nomination au poste de directeur.	
nommer	*ernennen*	Le président a nommé le Premier ministre.	

famille de mots	dt. Bedeutung	contexte/définition	synonyme/antonyme
nouvelle [f.]	Nachricht	La nouvelle a paru dans tous les journaux.	= info, information
nuage [m.]	Wolke	Certains nuages sont annonciateurs de pluie.	
nuageux, euse	wolkig, bedeckt	Un ciel nuageux empêche le soleil de percer.	
nuire	schaden	L'usage des pesticides nuit à la qualité de l'eau.	≠ avantager, favoriser
nuisance [f.]	Umweltbeeinträchtigung	Le bruit et la pollution sont des nuisances.	≠ bienfait
nuisible	schädlich	Les rayons du soleil sont nuisibles à la peau.	= mauvais, nocif
			≠ bienfaisant, inoffensif
numérique [adj.]	digital	L'appareil-photo numérique a remplacé la pellicule.	
objectif [m.]	Vorhaben, Ziel	Son objectif est de devenir le meilleur de sa classe.	= but
objectivité [f.]	Objektivität	L'objectivité est une qualité d'un bon journaliste.	= impartialité, ≠ partialité
objectif, ive [adj.]	objektiv	Une information objective ne prend pas parti.	= impartial, ≠ partial
obstacle [m.]	Hindernis	Le manque d'infrastructure est un obstacle à l'essor.	= barrière, empêchement
occasion [f.]	Gelegenheit	Il a profité de l'occasion pour acheter une voiture.	= circonstance
occasionnel, le	gelegentlich	Une rencontre occasionnelle leur permet de se revoir.	= fortuit, circonstanciel
occasionner	verursachen	Les fortes pluies peuvent occasionner une inondation.	= provoquer, amener
occupation [f.]	Beschäftigung	Le bricolage est une occupation prisée des Français.	= activité, ≠ oisiveté
occuper	beschäftigen	Il faut occuper les enfants pendant les vacances.	= donner qc. à faire
s'occuper de	sich kümmern um	Des retraités s'occupent bénévolement d'enfants.	= se consacrer
offre [f.]	Angebot	L'offre d'emploi est inférieure à la demande.	= proposition, ≠ demande
offrir	anbieten	La France a beaucoup à offrir aux touristes étrangers.	= proposer, ≠ demander
s'offrir qc.	sich etwas leisten	Il économise pour pouvoir s'offrir une voiture neuve.	= se payer

famille de mots	dt. Bedeutung	contexte/définition	synonyme/antonyme
opposant, e s'opposer	Gegner, -in (politisch) sich entgegenstellen, sich widersetzen	Il y a beaucoup d'opposants au projet ministériel. Les employés n'ont pas pu s'opposer à la fermeture de l'usine.	= adversaire, ≠ partisan, ami = lutter contre qc. ≠ se rallier
oppression [f.] opprimer	Unterdrückung unterdrücken	L'exil est un moyen d'échapper à l'oppression. Le despote a opprimé son peuple pendant des années.	= tyrannie, contrainte = tyranniser
ordinateur [m.] ordinateur [m.] portable	Computer Laptop	L'ordinateur a révolutionné notre vie. L'ordinateur portable est petit et facile à transporter.	
ordures [f. pl.]	Abfall	Les ordures ménagères se mettent à la poubelle.	= déchets
originaire origine [f.]	stammend, gebürtig Grund, Ursache; Herkunft, Ursprung	Beaucoup d'immigrés sont originaires d'Afrique. Pour ne pas être renvoyés, les clandestins ne disent pas leur origine.	= natif, issu = provenance, cause, source
oser	wagen	Les enfants agressés n'osent pas toujours se plaindre.	= avoir le courage
ouvrier, ière	Arbeiter	Les ouvriers sont des travailleurs manuels.	
paisible paix [f.]	friedlich, ruhig Frieden	C'est un endroit paisible, loin de toute agitation. Un traité de paix a mis fin à la guerre.	= calme, ≠ agité, violent = calme, ≠ guerre, agitation
papiers [m. pl.]	Ausweispapiere	Pour le contrôle d'identité, on présente ses papiers.	
paralyser paralysie [f.]	lahmlegen Lähmung	Les grèves paralysent la production. La paralysie des jambes empêche de marcher.	= bloquer, immobiliser = blocage, immobilisation
part [f.] partager prendre part à	Teil (ver)teilen an etwas teilnehmen	Il y a une petite part de vérité dans ses affirmations. La France est partagée en départements et en régions. Il a refusé de prendre part aux discussions.	= partie, portion = diviser, découper, ≠ unifier = participer à

famille de mots	dt. Bedeutung	contexte/définition	synonyme/antonyme
parti [m.] **partisan, e**	*Partei* *Anhänger, -in*	On peut prendre parti pour une cause. Les partisans de la réforme donnent leurs arguments.	≠ adversaire, opposant
participant, e **participation** [f.] **participer**	*Teilnehmer, -in* *Beteiligung* *teilnehmen*	Les participants ont pris le départ de la course. La participation aux élections a dépassé les 70 %. « Pour le sportif, l'important n'est pas de gagner mais de participer. » (P. de Coubertin, Jeux Olympiques)	= prendre part à
parution [f.] **paraître**	*Erscheinen* *erscheinen*	La parution d'un événement dans les médias le fait connaître du grand public. Le monde est un journal qui paraît tous les jours.	
passe-temps [m.]	*Zeitvertreib*	La broderie est un passe-temps typiquement féminin.	= loisir
passif, ive	*passiv, teilnahmslos*	Il ne faut pas rester passif devant un problème.	= inactif, ≠ actif
passion [f.] **passionnant, e** **passionnément** **se passionner**	*Leidenschaft* *fesselnd, interessant* *leidenschaftlich* *sich begeistern*	Sa passion pour les œuvres d'art lui coûte cher. J'ai relu deux fois ce livre passionnant. Roméo aimait passionnément Juliette. Les vacanciers se passionnent pour le sport nautique.	= amour, ≠ haine = captivant, ≠ inintéressant = follement, beaucoup = s'enthousiasmer ≠ se désintéresser
patrimoine [m.]	*kulturelles Erbe*	Les œuvres qui font partie du patrimoine français ne peuvent pas être vendues à l'étranger.	= héritage
patron, ne	*Chef, Arbeitgeber*	Il a demandé une augmentation de salaire à son patron.	= chef, employeur

famille de mots	dt. Bedeutung	contexte/définition	synonyme/antonyme
pauvre	arm(selig)	Les restaurants du cœur nourrissent gratuitement les plus pauvres.	= miséreux, malheureux ≠ riche, prospère
pauvreté [f.]	Armut	Le surendettement peut conduire à la pauvreté.	= misère, ≠ richesse
appauvrir	verarmen, schwächen	L'usage immodéré d'engrais appauvrit le sol.	≠ enrichir
pays [m.]	Land	La France est un des pays de l'Union européenne.	= nation
paysage [m.]	Landschaft	Le paysage de la campagne française est très varié.	= site, vue
paysan, ne [subst./adj.]	Bauer; ländlich, bäuerlich	Les paysans vivent du travail de la terre.	= agriculteur, ≠ rural
peau [f.]	Haut	Trop de gens sont victimes de la couleur de leur peau.	
peine [f.]	Leid	La mort de son ami lui a fait beaucoup de peine.	= souffrance, mal
peiner	leiden	Il peine sous le poids de ses responsabilités.	= (faire) souffrir
pénible	hart, schwer	Le travail est trop pénible pour un enfant.	= dur, difficile, ≠ facile, aisé
à peine	kaum	Il a à peine changé depuis sa dernière visite.	= ne ... presque pas, très peu
perdant, e	Verlierer, -in	Ce parti politique est le grand perdant des élections.	= vaincu, ≠ gagnant
perdre	verlieren	Sa mauvaise gestion lui a fait perdre des clients.	≠ gagner, trouver
perte [f.]	Verlust	Il vaut mieux travailler à perte plutôt que fermer.	= déficit, ≠ gain, bénéfice
permettre qc.	ermöglichen, erlauben	La précarité de son emploi ne lui permet pas de faire des projets.	= autoriser, ≠ interdire, défendre, empêcher
permis [m.] de séjour	Aufenthaltserlaubnis	Pour pouvoir rester plus de trois mois à l'étranger, il faut un permis de séjour.	
persécution [f.]	Verfolgung	Les réfugiés ont fui pour échapper à la persécution.	= tourment, torture
persécuter	verfolgen, quälen	Pendant la guerre , les Juifs ont été persécutés.	= tourmenter
perspective [f.]	Aussicht, Möglichkeit	Les perspectives d'embauche sont restreintes.	

famille de mots	dt. Bedeutung	contexte/définition	synonyme/antonyme
pesticide [m.]	Schädlingsbekämpfungsmittel	Les pesticides employés pour traiter les récoltes empoisonnent le sol et l'eau.	
petites annonces [f. pl.]	Kleinanzeigen	Les petites annonces sont aussi des offres d'achat.	
pétrole [m.]	Öl	Le pétrole sert à fabriquer l'essence.	
pétrolier [m.]	Öltanker	Un pétrolier est un bateau qui transporte du pétrole.	
peur [f.]	Angst	La peur de la répression n'empêche pas les agressions.	= crainte, ≠ assurance, courage, hardiesse
peureux, euse	ängstlich	C'est un enfant peureux qui ne s'aventure jamais loin.	= craintif, ≠ courageux
(se) plaindre	(sich be)klagen	Les professeurs se plaignent des classes surchargées.	= réclamer, protester
plainte [f.]	Klage	Le plaignant a retiré sa plainte.	= réclamation, protestation
plein air [m.]	Freiluft-, im Freien	La randonnée se pratique en plein air.	= dehors, à l'air libre
pluie [f.] acide	saurer Regen	La pluie acide attaque les arbres et détruit la forêt.	
polluant [m.]	Schadstoff	Les gaz et les déchets chimiques sont des polluants.	
polluer	verschmutzen	Les déchets nucléaires polluent gravement.	= salir
pollueur [m.]	Umweltverschmutzer	Les écologistes se battent contre les pollueurs.	
pollution [f.]	Umweltverschmutzung	La pollution de l'air peut rendre malade.	
populaire	beliebt, verbreitet	La pétanque est un sport très populaire.	= aimé, apprécié
population [f.]	Bevölkerung	La population mondiale augmente dangereusement.	
surpopulation [f.]	Über(be)völkerung	Le problème de la faim est dû aussi à la surpopulation.	
portable	tragbar, drahtlos	Le téléphone portable est interdit dans l'avion.	

famille de mots	dt. Bedeutung	contexte/définition	synonyme/antonyme
potable	trinkbar	Vous pouvez boire cette eau, elle est potable.	= propre à la consommation
pourcentage [m.]	Prozentsatz	Le pourcentage des accidents mortels a baissé.	
pousser	vorantreiben	Une bonne publicité doit pousser à la consommation.	= entraîner, inciter, ≠ freiner
pouvoir [m.]	Macht	Le pouvoir de l'argent est presque sans limite.	= autorité, puissance
pleins pouvoirs [m. pl.]	Vollmacht	Sous la monarchie, le roi avait les pleins pouvoirs.	
pouvoir [m.] d'achat	Kaufkraft	L'argent dont on dispose est le pouvoir d'achat.	
pouvoir exécutif	Exekutive	Le pouvoir exécutif fait appliquer les lois.	
pouvoir judiciaire	Judikative		
pouvoir législatif	Legislative	Le pouvoir législatif discute et fait les lois.	
praticable	durchführbar	En hiver certaines routes ne sont plus praticables.	= faisable, ≠ impraticable
pratique [f.]	Praxis, Ausübung	La théorie est souvent plus simple que la pratique.	= mise en œuvre
pratiquer	(be)treiben	Pour la santé, il est conseillé de pratiquer un sport.	= faire
précaire	prekär, unsicher	Un emploi précaire vaut mieux que le chômage.	= incertain, ≠ sûr, solide
préférable	vorzuziehen, ratsam	Il est préférable de réserver sa place dans le train.	= conseillé, ≠ déconseillé
préférence [f.]	Vorliebe, Vorzug	Pour l'information, la préférence va à la télé.	= faveur
préférer	vorziehen	Je préfère le train à l'avion.	= aimer mieux
préjugé [m.]	Vorurteil	Les préjugés sont la source de méconnaissances.	
présentateur, trice	Moderator	Les présentateurs du journal télévisé sont des stars.	
présenter	moderieren	Un cuisinier célèbre présente une émission de cuisine.	
se présenter	sich bewerben, sich vorstellen	Beaucoup de demandeurs se sont présentés pour répondre à une offre d'emploi.	= poser sa candidature

famille de mots	dt. Bedeutung	contexte/définition	synonyme/antonyme
préservation [f.]	Schutz, Rettung	La préservation de l'environnement est nécessaire.	= sauvegarde, ≠ destruction
préserver	erhalten, schützen	Il faut préserver les espèces en voie de disparition.	= sauvegarder, ≠ détruire
présidentiel, le	Präsidentschafts-	L'élection présidentielle se fait au suffrage universel.	
prévenir	vorbeugen;	Mieux vaut prévenir que guérir. (proverbe)	= éviter
	warnen, informieren	Il faut prévenir les gens du danger qui les menace.	= avertir
préventif, ive	vorbeugend	Un traitement préventif permet d'éviter la maladie.	
prévention [f.]	Vorbeugung	Le vaccin est une mesure de prévention.	= précaution
primer	den Vorrang haben	L'intérêt collectif prime l'intérêt personnel.	= avoir priorité
printanier, ière	Frühlings-, frühlingshaft	Il fait beau, le temps est printanier.	
prison [f.]	Gefängnis	Il a été condamné à une peine de prison ferme.	= maison d'arrêt
prisonnier, ière [subst./adj.]	Häftling; gefangen	« Amnesty International » cherche à aider les prisonniers politiques.	= détenu, captif ≠ libre
emprisonnement [m.]	Haft	L'emprisonnement à vie a remplacé la peine de mort.	= détention, incarcération
emprisonner	einsperren	La loi interdit d'emprisonner un adolescent mineur.	= enfermer, ≠ libérer
privatisation [f.]	Privatisierung	La privatisation est une mise en vente par l'État.	≠ nationalisation
privatiser	privatisieren	L'État pense à privatiser des entreprises déficitaires.	≠ nationaliser
privé, e	privat	Les écoles privées françaises sont très fréquentées.	≠ public
privilège [m.]	Vorrecht, Privileg	L'école gratuite ne doit plus être un privilège.	= avantage, ≠ désavantage
privilégier	bevorzugen	Le protectionnisme veut privilégier certains produits.	= avantager, ≠ désavantager
proclamation [f.]	Verkündung, Ausrufung	La proclamation de la République date de 1789.	= déclaration, annonce
proclamer	verkünden, ausrufen	Il a été proclamé vainqueur du tournoi.	= déclarer, annoncer
se procurer	sich besorgen, beschaffen	La France est obligée de se procurer du pétrole.	= se fournir

famille de mots	dt. Bedeutung	contexte/définition	synonyme/antonyme
producteur, trice [subst./adj.]	Erzeuger, -in	La France est un pays producteur de vin.	= créateur, fabricant
produire	erzeugen	Les centrales nucléaires produisent de l'électricité.	= fabriquer, créer
produit [m.]	Produkt	Les produits bio sont en principe naturels.	
produit [m.] de substitution	Ersatzdroge, Ersatzmittel	Un produit de substitution peut aider un drogué à lutter contre l'état de manque.	= produit de remplacement
produit [m.] intérieur brut (P.I.B.)	Bruttosozialprodukt	Le calcul du produit intérieur brut permet de suivre et d'analyser le développement économique du pays.	
profession [f.]	Beruf	Porteur d'eau était une profession au Moyen Âge.	= métier
professionnel, le	beruflich	La retraite fait suite à la vie professionnelle.	
profit [m.]	Profit, Gewinn	L'entreprise augmente son profit en stimulant le rendement du personnel.	= gain, bénéfice ≠ perte, déficit
profitable	gewinnbringend	La baisse des prix est profitable à la consommation.	= avantageux
profiter de	ausnutzen, genießen	Le vacancier profite du beau temps pour se baigner.	= bénéficier, jouir
programme [m.]	Programm	La revue *Télé 7 jours* publie un programme de télé.	
programmer	planen, programmieren	Le Président doit programmer ses voyages officiels.	
programmeur [m.]	Programmierer	Le programmeur crée des logiciels.	
progrès [m.]	Fortschritt	Les progrès de la science permettent d'espérer la guérison du SIDA.	= développement, ≠ recul
progresser	vorankommen	La technique progresse vite avec le numérique.	= se développer, ≠ régresser
progression [f.]	Fortschritt	La progression de la science en biologie est encourageante.	= développement, ≠ recul

famille de mots	dt. Bedeutung	contexte/définition	synonyme/antonyme
propice	*geeignet für, günstig*	La vallée de la Loire est propice aux randonnées culturelles.	= favorable ≠ défavorable, nocif
proposer **proposition** [f.] **(de loi)**	*vorschlagen* *(Gesetzes-)Vorschlag*	On nous a proposé plusieurs solutions. La proposition de loi est votée à l'Assemblée.	
prospère	*blühend, erfolgreich*	L'industrie de la haute technologie est un secteur prospère.	= florissant, riche ≠ pauvre, misérable
prospérer	*gedeihen, gutgehen*	Pour prospérer, le pays a besoin d'une stabilité politique.	= se développer, réussir ≠ décliner, reculer, régresser
prospérité [f.]	*Wohlstand*	Cette région doit sa prospérité au tourisme.	= richesse ≠ misère
protecteur, trice **protection** [f.]	*Beschützer, -in* *Schutz*	Il y a une société protectrice des animaux. La protection de certaines espèces empêche leur disparition.	= défenseur, ≠ agresseur = préservation ≠ agression, attaque
protéger	*schützen*	La ceinture de sécurité protège l'automobiliste en cas d'accident.	= défendre, préserver ≠ agresser, attaquer
province [f.] **provincial, e**	*Provinz* *Provinz-, in der Provinz*	L'Alsace et la Bretagne sont des provinces françaises. Quelques usines provinciales ont leur siège à Paris.	
provisoire	*vorläufig, einstweilig*	Il a accepté un emploi provisoire, en attendant mieux.	= momentané, ≠ définitif
provocant, e **provocation** [f.] **provoquer**	*provozierend* *Provokation* *herausfordern, provozieren;* *verursachen*	Je trouve son attitude provocante. Évitons de céder à la provocation. Il le provoque pour éprouver sa patience. L'inattention peut provoquer des accidents.	= excitant, agressif = incitation, défi = inciter, défier = causer, occasionner

famille de mots	dt. Bedeutung	contexte/définition	synonyme/antonyme
public [m.]	Publikum, Öffentlichkeit	Le public a applaudi debout.	= auditoire, assistance
public, que	öffentlich	Il faut assurer la sécurité dans les transports publics.	≠ privé
publication [f.]	Veröffentlichung	La publication de son livre a fait scandale.	= parution
publicitaire	Werbe-	Les spots publicitaires sont fréquents à la télévision.	
publicité [f.]	Werbung	La publicité interrompt les programmes de la télé.	= réclame
publier	veröffentlichen	Les infos locales sont publiées dans le journal.	= annoncer, éditer
puissance [f.]	Macht	La puissance des syndicats peut faire reculer le gouvernement.	= force, pouvoir ≠ impuissance, faiblesse
puissant, e	mächtig, stark	Unis, les pays européens seront plus puissants.	= fort, ≠ impuissant, faible
punir	bestrafen	Il faut punir les coupables.	≠ récompenser
punition [f.]	Strafe	En cas de récidive, la punition est plus sévère.	= peine, ≠ récompense
pur, e	sauber, rein	L'eau de cette source est pure, elle est potable.	= propre, sain, ≠ malsain
pureté [f.]	Reinheit	La pureté de l'eau est contrôlée régulièrement.	= propreté, ≠ impureté
purifier	reinigen	Les stations d'épuration servent à purifier l'eau.	= assainir ≠ polluer, salir, souiller
qualification [f.]	Qualifikation, Befähigung	Il a la qualification nécessaire pour faire ce travail.	= aptitude, ≠ inaptitude
qualifié, e	qualifiziert	Seul un ouvrier qualifié peut faire ce travail.	= apte, capable, ≠ inapte
se qualifier	sich qualifizieren	Il faut d'abord se qualifier avant de pouvoir participer aux Jeux Olympiques.	≠ se disqualifier, être disqualifié
qualité [f.] de vie	Lebensqualität	La qualité de vie dépend souvent de l'environnement.	
quantité [f.]	Menge	La grande quantité de voitures qui circulent dans Paris provoque des embouteillages.	= foule, masse ≠ peu

famille de mots	dt. Bedeutung	contexte/définition	synonyme/antonyme
questionnaire [m.]	Fragebogen	Pour le sondage, il faut remplir un questionnaire.	= formulaire
questionner	befragen, verhören	L'inspecteur de police a questionné le suspect.	= interroger, ≠ répondre
quotidien [m.]	Tageszeitung	Les Parisiens lisent leur quotidien dans le métro.	= journalier
quotidien, ne	täglich	Pour les Français, le pain est un aliment quotidien.	
race [f.]	Rasse	Le droit ne fait pas de distinction de race.	
racial, e	rassisch, Rassen-	La préférence raciale est interdite par la loi française.	
racisme [m.]	Rassismus	Le racisme se développe avec l'immigration.	
raciste [m./f.] [subst./adj.]	Rassist, -in; rassistisch	La ségrégation est une discrimination raciste.	
radiation [f.]	Strahlung	La radiation atomique est mortelle.	
irradier	verstrahlen	Les rayons atomiques ont irradié la région.	
randonnée [f.]	Wanderung	Les régions peu peuplées sont propices aux randonnées.	= promenade à pied
rassurant, e	beruhigend	La présence de la police a parfois un effet rassurant.	= apaisant, ≠ inquiétant
rassurer	beruhigen	Les éleveurs tentent de rassurer les consommateurs de viande de bœuf.	= calmer, tranquilliser ≠ inquiéter
rationalisation [f.]	Rationalisierung	La rationalisation de l'industrie a causé du chômage.	= rentabilisation
rationaliser	rationalisieren	On peut rationaliser l'industrie en remplaçant les hommes par des robots.	= rentabiliser, restructurer
ravager	verwüsten	La tempête a ravagé toute la région.	= détruire, dévaster
ravages [m. pl.]	Verwüstung	En Corse, le feu provoque des ravages.	= dégâts
réagir	reagieren	Il faut réagir contre l'insécurité qui règne dans les écoles.	

famille de mots	dt. Bedeutung	contexte/définition	synonyme/antonyme
recevoir	*empfangen*	Les antennes et les satellites permettent de recevoir de nombreuses chaînes.	= capter
récession [f.]	*Rezession*	La période de récession a fait place à la reprise de l'activité économique.	= crise ≠ prospérité, boom, relance
recette [f.]	*Einnahmen*	La recette doit être supérieure à la dépense.	≠ dépense
réchauffement [m.] réchauffer	*Erwärmung* *erwärmen*	Le réchauffement de la terre est dû en partie à la pollution de l'air. Le soleil réchauffe la planète.	≠ refroidissement ≠ refroidir
recherche [f.] chercheur [m.]	*Forschung* *Forscher*	Le C.N.R.S. est le centre national de la recherche. Des chercheurs tentent d'isoler le virus.	
reconversion [f.]	*Umschulung*	La reconversion est souvent difficile quand les chômeurs sont âgés.	
(se) reconvertir	*(sich) umschulen (lassen)*	Il faut parfois se reconvertir pour retrouver du travail.	= changer de profession
recul [m.]	*Absinken, Rückgang*	Le pouvoir d'achat est en léger recul sur l'année dernière.	= régression ≠ avance, progrès
reculer	*zurückgehen, senken*	Ce médicament pourrait faire reculer la maladie.	= régresser, diminuer ≠ avancer, progresser
recyclage [m.] recycler	*Wiederverwertung* *wiederverwerten*	Le recyclage des vieux papiers économise le bois. Il y a des usines qui recyclent le verre.	= retraitement = retraiter
rédacteur, trice	*Redakteur,in*	Le rédacteur écrit les articles des journaux.	
redevance [f.]	*Gebühren*	La redevance télé est une taxe qu'il faut payer quand on possède un téléviseur.	= taxe

famille de mots	dt. Bedeutung	contexte/définition	synonyme/antonyme
redoutable	*beängstigend*	Le cancer est une maladie redoutable.	= effrayant, ≠ rassurant
redouter	*befürchten*	Beaucoup de gens redoutent le chômage.	= craindre, ≠ espérer
réduction [f.]	*Reduzierung, Kürzung*	Ils demandent la réduction des heures de travail sans diminution de salaire.	= diminution, ≠ augmentation, élargissement
réduire	*reduzieren*	Comment réduire le chômage sans partager le travail ?	= diminuer, abaisser ≠ augmenter, élargir
réévaluation [f.]	*Aufwertung*	La réévaluation d'une monnaie pose parfois des problèmes à l'exportation.	≠ dévaluation
réévaluer	*aufwerten*	L'inflation peut obliger à réévaluer une monnaie.	≠ dévaluer
réformer	*reformieren*	L'ancien président Chirac a réformé l'armée française.	= changer, restructurer
refuge [m.]	*Zuflucht, Schutz*	On peut trouver refuge sous un abri.	= abri
réfugié, e	*Flüchtling*	Le réfugié politique bénéficie d'un droit d'asile.	= exilé
se réfugier	*flüchten*	L'inondation les oblige à se réfugier sur le toit.	= s'abriter
refus [m.]	*Ablehnung*	Il a opposé un refus à ma demande.	= rejet ≠ consentement
refuser	*ablehnen, verweigern*	Il a refusé d'obéir aux ordres.	≠ accepter, consentir
régionalisation [f.]	*Regionalisierung*	La politique de régionalisation est faite pour décentraliser le pouvoir politique.	
régional, e [adj.]	*regional*	Les actualités régionales sont diffusées chaque soir avant le journal télévisé national.	
régresser	*rückgängig sein; nachlassen*	Depuis la crise économique européenne, l'immigration régresse.	= reculer, diminuer ≠ évoluer, progresser
régression [f.]	*Rückgang, Sinken*	Grâce à la limitation de vitesse, le nombre des accidents est en régression.	= recul, diminution ≠ évolution, progrès

famille de mots	dt. Bedeutung	contexte/définition	synonyme/antonyme
rejet [m.]	Ablehnung	Le rejet de son projet de loi a conduit le ministre à démissionner.	= refus, ≠ acceptation, adoption, accord
rejeter	ablehnen, verwerfen	La majorité des Français a rejeté le texte de la loi sur l'immigration.	= repousser, refuser ≠ accepter, adopter
se réjouir	sich (er)freuen	Tous se réjouissent de partir en vacances.	= être heureux ≠ s'attrister, déplorer
relation [f.]	Beziehung, Verbindung	Les relations franco-allemandes sont amicales.	= rapport
relier	verbinden	Un pont permet de relier les rives du fleuve.	= joindre, ≠ séparer, diviser
lien [m.]	Band, Verbindung	Les jumelages entretiennent les liens d'amitié.	= rapport
remboursement [m.]	Rückzahlung	Le remboursement des frais de maladie est assuré par la caisse de sécurité sociale.	= paiement ≠ emprunt
rembourser	zurückzahlen, tilgen	De plus en plus de gens ne peuvent plus rembourser leur emprunt.	= payer, acquitter une dette ≠ emprunter
remplaçant, e remplacement [m.] remplacer	Stellvertreter Ersatzspieler Vertretung, Ersatz ersetzen	Il joue comme remplaçant dans l'équipe de football. Comme travail, il fait des remplacements. Les ordinateurs ont remplacé les machines à écrire.	= prendre la place, succéder
renforcement [m.]	Verstärkung, Erhöhung	Le renforcement des impôts ne suffit pas à réduire le déficit budgétaire de l'État.	= augmentation ≠ affaiblissement, baisse
renforcer	(ver)stärken	La politique de régionalisation veut renforcer le pouvoir des élus locaux.	= consolider, augmenter ≠ affaiblir, diminuer, baisser
rentabilité [f.]	Rentabilität, Wirtschaftlichkeit	La rentabilité de certaines lignes de chemin de fer est remise en question.	
rentable	einträglich, rentabel	L'industrie textile française n'est plus rentable.	

famille de mots	dt. Bedeutung	contexte/définition	synonyme/antonyme
renvoi [m.]	Ausweisung, Entlassung	Le ministre demande le renvoi de tous les clandestins.	= expulsion, licenciement
renvoyer	zurückschicken	Le client mécontent a renvoyé la marchandise.	= réexpédier, retourner
répartir	aufteilen, einteilen	Les zones industrielles sont inégalement réparties.	= partager, distribuer
répartition [f.]	Verteilung, Aufteilung	La démocratie exige la répartition des pouvoirs.	= partage
reportage [m.]	Reportage	Le reportage se fait souvent en direct et sur place.	
repos [m.]	Ruhe, Erholung	Le médecin lui a ordonné une semaine de repos.	= délassement, ≠ fatigue
se reposer	sich ausruhen	Après une grande fatigue, il faut se reposer.	= se délasser, ≠ se fatiguer
représailles [f. pl.]	Vergeltungsmaßnahmen	Ils se taisent par peur des représailles.	= punition, vengeance
représentant, e	Vertreter, -in, Abgeordnete(r)	La France a envoyé un représentant à la réunion.	= délégué, remplaçant
représentatif, ive	typisch, bezeichnend	La montée de la violence est représentative du climat social actuel.	= typique
représentation [f.]	Darstellung, Vorführung	La représentation de la pièce a eu du succès.	= image, spectacle
représenter	darstellen, vertreten	Un buste de femme représente la République.	= remplacer, figurer
répression [f.]	Bestrafung	La répression de la vitesse est de plus en plus sévère.	= punition, sanction
réprimer	bekämpfen, bestrafen	La révolte a été réprimée dès le début.	= combattre, punir
réprouver	missbilligen	La morale réprouve le crime.	= désapprouver, ≠ approuver
reproche [m.]	Vorwurf	Il a fait des reproches au gouvernement sur la politique sociale.	= blâme, critique ≠ compliment, louange
reprocher qc. à qn.	jdm. etwas vorwerfen	On peut reprocher à certains immigrés de ne pas vouloir s'intégrer.	= blâmer, critiquer, ≠ louer, complimenter, féliciter
réseau [f.]	Netz	Le réseau routier est souvent saturé en été.	

famille de mots	dt. Bedeutung	contexte/définition	synonyme/antonyme
réserve [f.]	Vorrat, Naturpark	Une réserve naturelle est un endroit où les plantes et les animaux sont protégés.	
réserver	aufbewahren	Il faut réserver des graines pour la semence.	= garder, conserver
résignation [f.] se résigner	Resignation resignieren, sich abfinden	La résignation a fait suite à une lutte sans succès. Il faut se résigner à accepter l'inévitable.	= soumission, ≠ révolte = se soumettre, ≠ se révolter
résistance [f.]	Widerstand	Le patronat a opposé une grande résistance aux exigences des travailleurs.	= solidité, opposition ≠ résignation, fragilité
résistant, e résister	widerstandsfähig widerstehen	Certains virus sont résistants aux vaccins. La maladie résiste à tous les médicaments.	= solide, fort, ≠ faible = tenir, ≠ céder
responsabilité [f.] responsable	Verantwortung verantwortlich	Les mineurs sont sous la responsabilité des parents. L'alcool et la vitesse sont responsables de beaucoup d'accidents de la route.	≠ irresponsabilité ≠ irresponsable
ressortissant, e	(Staats-)Angehörige(r)	Le consulat s'occupe des ressortissants vivant à l'étranger.	
ressources [f. pl.]	Naturschätze, Mittel	Ce pays est pauvre en ressources naturelles.	= réserves
restreindre restreint, e restriction [f.]	einschränken, kürzen eingeschränkt, begrenzt Einschränkung	L'État a dû restreindre les allocations au chômage. Le pouvoir des conseillers généraux est restreint. La crise impose des restrictions mal acceptées.	= réduire, ≠ augmenter = réduit, limité, ≠ large = réduction, ≠ largesses
restructuration [f.]	Umstrukturierung	La restructuration de l'entreprise a permis d'augmenter sa productivité.	= réorganisation ≠ déstructuration
restructurer	umstrukturieren	Il faut restructurer une partie du réseau routier.	= réaménager, ≠ déstructurer

famille de mots	dt. Bedeutung	contexte/définition	synonyme/antonyme
résultat [m.]	Ergebnis	Le résultat des élections n'a surpris personne.	
résulter	daraus folgen, sich ergeben	Il résulte de cette enquête, qu'ils ne sont pas coupables.	= s'ensuivre, découler
retraite [f.]	Ruhestand, Rente	La cotisation pour la retraite est retenue sur le salaire.	
retraité, e	Rentner, -in	Les retraités ont droit à un tarif spécial de transport.	
retransmission [f.]	Übertragung	La retransmission en exclusivité d'un événement sportif populaire coûte très cher à la chaîne.	= diffusion
réunion [f.]	Versammlung	Le président ordonne la réunion immédiate du gouvernement.	= rassemblement, session ≠ séparation
se réunir	sich versammeln	Le conseil municipal se réunit régulièrement.	= se rassembler, ≠ se séparer
réussir	gelingen	Il a réussi tous les examens qu'il a passés.	= parvenir, ≠ échouer
réussite [f.]	Erfolg	On considère la Pyramide du Louvre comme une réussite architecturale.	= succès, ≠ échec
rêve [m.]	Traum	Les hommes ont réalisé leur rêve d'aller sur la lune.	= souhait, désir
rêver	träumen, schwärmen	Il rêve de faire le tour du monde.	= souhaiter, désirer
rêveur, euse	verträumt, grüblerisch	Cette éventualité le laisse rêveur.	= pensif
révélation [f.]	Enthüllung	La révélation du scandale choque l'opinion publique.	
révéler	enthüllen	La photo prise sur Mars a révélé la présence d'eau.	= dévoiler, ≠ taire
revendication [f.]	Forderung	Les revendications des manifestants sont justifiées.	= réclamation, demande
revendiquer	fordern	Les colonies revendiquent leur indépendance.	= réclamer, demander
revenu [m.]	Einkommen	L'impôt sur le revenu est calculé sur le salaire.	
revenu [m.] minimum d'insertion (R.M.I.)	Mindestsatz an Sozialhilfe	Les chômeurs qui n'ont plus droit aux allocations chômage touchent le R.M.I.	

famille de mots	dt. Bedeutung	contexte/définition	synonyme/antonyme
révoltant, e **révolte** [f.]	empörend Aufruhr	Abandonner son chien est une chose révoltante. La révolte des enseignants contre la violence à l'école a été efficace.	= inacceptable = rébellion, insurection ≠ résignation
se révolter	sich auflehnen	Les jeunes se révoltent contre l'autorité des adultes.	= s'insurger, ≠ se résigner
revue [f.]	Zeitschrift	Elle est une revue destinée aux femmes.	= magazine
rigide	starr, unbeweglich	Une bureaucratie trop rigide décourage les jeunes créateurs d'entreprise.	= inflexible, dur, rigoureux ≠ mou, flexible
rigidité [f.] **rigoureux, euse**	Strenge, Starrheit streng, hart	La rigidité de cette morale n'est pas supportable. L'hiver est particulièrement rigoureux dans le centre de la France.	= rigueur, dureté = sévère, dur ≠ indulgent, doux
rigueur [f.]	Strenge	La politique de rigueur est nécessaire à la lutte contre la crise économique.	= sévérité, austérité ≠ indulgence, douceur
risque [m.] **risqué, e**	Risiko, Gefahr gewagt	Il vit dangereusement, il prend beaucoup de risques. Le transport des déchets nucléaires est une entreprise risquée.	= danger, ≠ sécurité = dangereux, hasardeux ≠ sûr
risquer	wagen, riskieren	Il a risqué sa vie pour sauver son ami.	= mettre en danger, oser
rivaliser	konkurrieren	L'industrie électronique a du mal à rivaliser avec les produits japonais.	= concurrencer, concourir
rivière [f.]	Fluss	Les rivières du sud de la France sont souvent à sec.	
routier, ière	Straßen-	Le réseau routier est payant sur les autoroutes.	
rubrique [f.]	Rubrik	La rubrique des faits divers intéresse le lecteur.	

famille de mots	dt. Bedeutung	contexte/définition	synonyme/antonyme
rural, e	ländlich	Le budget des petites communes rurales est maigre.	= campagnard, ≠ urbain
ruraux [m. pl.]	Landbewohner	Les ruraux souffrent parfois d'isolement.	
sac [m.] à dos	Rucksack	Les randonneurs portent un sac à dos.	
sac de couchage	Schlafsack	Le sac de couchage est souvent la seule chose que possèdent les sans-abri.	
sac de voyage	Reisetasche	Les jeunes préfèrent le sac de voyage à la valise.	
sacrifice [m.]	Opfer	Il faudrait des sacrifices pour assainir les finances.	
sacrifier	opfern	Le sportif sacrifie souvent du temps à l'entraînement.	
salaire [m.]	Lohn	Le salaire des fonctionnaires est fixé par l'État.	= paie; traitement
salarié, e	Gehaltsempfänger	Les salariés doivent payer des cotisations sociales.	= employé
salaire [m.] minimum interprofessionnel garanti (S.M.I.G.)	Mindestlohn	Le salaire S.M.I.G. est le salaire minimum fixé par l'État que chaque employeur doit payer à ses employés.	
sans-abri [m.]	Obdachloser	Les sans-abri n'ont pas de logement.	= sans-abri, clochard
sans domicile fixe [m.] (S.D.F.)	Obdachloser	Les sans domicile fixe de Paris dorment en hiver sur les bancs des stations de métro.	
sans-papiers [m.]	illegaler Einwanderer	Les immigrés sans-papiers ne reçoivent pas de permis de séjour et sont expulsés.	
sans plomb	bleifrei	L'essence sans plomb pollue beaucoup moins.	
sans ressources	mittellos	Une personne sans ressources reçoit une aide sociale.	≠ riche, nanti
satellite [m.]	Satellit	Certaines chaînes de télévision émettent par satellite.	
saturation [f.]	Sättigung, Überfüllung	La saturation des autoroutes parisiennes s'aggrave.	
saturé, e	gesättigt, ausgereizt	Paris est une ville saturée qui déborde sur sa banlieue.	

famille de mots	dt. Bedeutung	contexte/définition	synonyme/antonyme
sauvegarder	bewahren, schützen; sichern	Il faut sauvegarder les espèces menacées. Pour sauvegarder vos données, faites des copies.	= maintenir, garder, protéger ≠ détruire, abîmer
sec, sèche sécheresse [f.] assécher	trocken, dürr Trockenheit, Dürre austrocknen	En Afrique, pendant la saison sèche, il ne pleut pas. Les récoltes souffrent de la sécheresse. Il est parfois nécessaire d'assécher les marais.	≠ humide, mouillé = manque d'eau, ≠ humidité ≠ irriguer
secteur [m.]	Branche, Gebiet	Les entreprises dépendant de l'État font partie du secteur public.	= branche, domaine
secteur primaire/secon-daire/tertiaire	primärer/sekundärer (Dienstleistungs-)Sektor	Le secteur primaire comprend l'agriculture et l'élevage, la pêche et les mines.	
sécurité [f.]	Sicherheit	Les jeunes réclament plus de sécurité et moins d'agressions à l'école.	= sûreté, ≠ insécurité
sécurité sociale	Krankenkasse	Le déficit de la sécurité sociale exige une réforme.	
ségrégation [f.]	Rassentrennung	Dans certains pays, la ségrégation raciale est abolie.	= discrimination
séjour [m.] séjourner	Aufenthalt sich aufhalten	Il a fait un séjour de plusieurs mois à l'étranger. Pour séjourner plus de trois mois en France, il faut un permis de séjour.	= demeurer, rester, vivre
sensation [f.] sentiment [m.] sentimental, e (se) sentir	Gefühlsregung Gefühl gefühlvoll (sich) fühlen	La peur et la douleur sont des sensations désagréables Les sentiments sont parfois trompeurs. La vie sentimentale de cet homme est mouvementée. Pour bien travailler, il faut se sentir en sécurité.	= impression, sentiment = opinion, sensation
sentier [m.]	Weg, Pfad	Le sentier est un petit chemin étroit.	= chemin
seringue [f.]	Spritze	L'infirmière fait une piqûre avec une seringue.	= aiguille

famille de mots	dt. Bedeutung	contexte/définition	synonyme/antonyme
séropositif, ive	HIV-infiziert	Les malades séropositifs peuvent vivre des années sans que la maladie se déclare.	
sévère	streng	Les enseignants français ont la réputation d'être sévères.	= dur, intolérant, rigoureux ≠ indulgent, laxiste
sévérité [f.]	Strenge, Härte	La justice a montré une grande sévérité envers les coupables.	= rigueur, dureté ≠ indulgence, laxisme
siège social [m.]	Gesellschaftssitz	Le siège social d'une entreprise est l'ensemble des bureaux où se fait la gestion.	
simplifier	vereinfachen	La régionalisation veut simplifier la gestion de l'État.	= faciliter, ≠ compliquer
site [m.]	Aussicht, Ort, Ansicht Website	Les cartes postales reproduisent les sites régionaux. Chacun peut créer son propre site sur Internet.	= vue, panorama
solaire	Solar-	L'énergie solaire est une alternative à l'énergie nucléaire.	
soleil [m.] ensoleillé, e	Sonne sonnig	Les rayons ultraviolets du soleil sont nocifs à la peau. La Provence très ensoleillée invite au tourisme.	
solidaire se solidariser solidarité [f.]	solidarisch sich solidarisieren Solidarität	Les travailleurs sont solidaires les uns des autres. Les Français se sont solidarisés avec leur président. Le partage du travail serait une preuve de solidarité envers les chômeurs.	≠ se désolidariser ≠ égoïsme
solide solidité [f.]	fest, stark Festigkeit, Härte	L'acier est un métal solide. La solidité d'une monnaie témoigne d'une économie florissante.	= fort, résistant, ≠ faible = stabilité, force ≠ faiblesse, précarité

famille de mots	dt. Bedeutung	contexte/définition	synonyme/antonyme
solitaire	*einsam*	Il est difficile de vivre en solitaire.	= seul, isolé, ≠ entouré
solitude [f.]	*Einsamkeit*	La solitude des gens âgés est un mal de notre époque.	= isolement, ≠ compagnie
seul, e	*allein, einsam*	Séparés de leur famille, les immigrés se sentent seuls.	= isolé, solitaire
son [m.]	*Ton*	Pour mieux entendre, on monte le son.	
sortie [f.]	*Ausgang*	Les parents doivent surveiller les sorties des jeunes.	≠ entrée
sortir	*ausgehen*	Il est agréable de sortir dans Paris la nuit.	≠ entrer
souci [m.]	*Sorge*	La montée du chômage est un souci constant.	= inquiétude
se soucier	*sich Sorgen machen, sich kümmern*	Il faudra bien se soucier davantage de l'environnement.	= s'inquiéter
soucieux, euse	*besorgt*	Les parents sont soucieux de l'avenir de leurs enfants.	= inquiet, ≠ insouciant
souffrance [f.]	*Leid, Schmerz*	L'euthanasie met fin aux souffrances des malades.	= mal, douleur
souffrant, e	*leidend*	Il n'est pas venu travailler parce qu'il est souffrant.	= malade, indisposé
souffrir de	*leiden unter*	Les sans-abri souffrent de froid et de faim.	= avoir mal
souhait [m.]	*Wunsch*	Au Nouvel An, on échange des souhaits de bonne année.	= désir, vœu
souhaitable	*wünschenswert, erwünscht*	De nouvelles sources d'énergie seraient souhaitables.	= désirable, ≠ indésirable
souhaiter	*wünschen*	De plus en plus de vacanciers souhaitent aller aux sports d'hiver.	= désirer, vouloir, ≠ redouter, craindre
soulagement [m.]	*Erleichterung*	Nous apprenons avec soulagement la fin du conflit.	≠ charge
soulager	*lindern, erleichtern*	La morphine est un médicament destiné à soulager la souffrance.	= décharger, aider, ≠ charger

famille de mots	dt. Bedeutung	contexte/définition	synonyme/antonyme
soupçon [m.]	Verdacht	Son honnêteté est au-dessus de tout soupçon.	
soupçonner	verdächtigen	On les soupçonne d'être à l'origine de l'explosion.	= suspecter
soupçonneux, euse	misstrauisch	La menace d'attentat rend la police soupçonneuse.	= méfiant, ≠ confiant
suspect, e [subst./adj.]	Verdächtige(r); verdächtig	Après l'attentat, la police a arrêté deux suspects.	= douteux, louche
source [f.]	Quelle	Un bon journaliste vérifie la source de ses infos.	
souris [f.]	Maus	La souris est un petit appareil qui vous permet de cliquer sur l'écran de l'ordinateur.	
sous-titrage [m.]	Untertitel(ung)	Les films projetés en V.O. (version originale) sont souvent accompagnés d'un sous-titrage.	
soutenir	unterstützen	Il faut soutenir les entreprises en difficultés.	= aider
soutien [m.]	Unterstützung, Hilfe	Les médecins en grève ont bénéficié du soutien de toute la population.	= aide
spécial, e	speziell, Spezial-	Il faut un équipement spécial pour faire de la plongée.	
se spécialiser	sich spezialisieren	Les médecins peuvent se spécialiser en chirurgie.	
stabilité [f.]	Stabilität	La stabilité de la monnaie est indispensable à l'économie du pays.	= solidité, ≠ fragilité, précarité, instabilité
stable	solide, sicher	Les emplois stables deviennent rares.	= solide, sûr, ≠ fragile
stage [m.]	Praktikum	Les stages en entreprise font partie de l'apprentissage.	
station [f.] balnéaire	Badeort	Les stations balnéaires sont au bord de la mer.	
station [f.] d'épuration	Kläranlage	La station d'épuration sert à retraiter les eaux usées.	
stressé, e	gestresst	Les gens stressés peuvent tomber malades.	= surmené

famille de mots	dt. Bedeutung	contexte/définition	synonyme/antonyme
subsister	fortdauern, überleben	Trop de pauvres possèdent à peine de quoi subsister.	= survivre, ≠ disparaître
subvention [f.] subventionner	Beihilfe, Zuschuss unterstützen	L'État paie une subvention pour le matériel scolaire. Les « restos du cœur » sont subventionnés par l'État.	= aide, allocation = aider, allouer
succéder successeur [m.]	nachfolgen Nachfolger	La République a succédé à la monarchie. Jacques Chirac fut le successeur de François Mitterrand à la présidence de la République.	≠ précéder ≠ prédécesseur
succession [f.] successivement	Nachfolge, Erbfolge nach und nach	Le fils a pris la succession de son père. Le médecin examine successivement chaque malade.	
suffrage [m.]	Wahlstimme, Wahlrecht	Les sénateurs sont élus au suffrage indirect.	= vote
sujet [m.]	Thema	ARTE propose des soirées à thème dont le sujet fait l'objet de discussions intéressantes.	= thème
supplément [m.] supplémentaire	Zusatz zusätzlich	Le juge a réclamé un supplément d'informations. Les travailleurs demandent une semaine supplémentaire de congés.	= complément = de plus
surcharge [f.] surcharger	Überlastung überlasten	La surcharge du programme scolaire est critiquée. Il ne faut pas surcharger une administration déjà bien difficile à gérer.	≠ décharge, allégement = alourdir, ≠ décharger, alléger, soulager
surveillance [f.]	Aufsicht	Après l'attentat, la surveillance a été accrue dans les gares et les aéroports.	= contrôle, vigilance
surveillant [m.]	Aufsichtsperson	Les surveillants des lycées de banlieue viennent souvent eux-mêmes de milieux défavorisés.	
surveiller	beaufsichtigen	La baignade en piscine est souvent surveillée.	= contrôler, observer

famille de mots	dt. Bedeutung	contexte/définition	synonyme/antonyme
survie [f.] survivant, e survivre	Überleben Überlebende(r) überleben	La pollution menace la survie de notre planète. Tous sont morts, il n'y a pas de survivants. Il ne veut pas mourir, il se bat pour survivre.	≠ mort, disparition = rescapé, ≠ mort, victime ≠ mourir, disparaître
syndical, e syndicaliste [m./f.] syndicat [m.] syndiqué, e	Gewerkschafts- Gewerkschafter, -in Gewerkschaft Gewerkschaftsmitglied	Les revendications syndicales ont été satisfaites. Le syndicaliste est membre actif d'un syndicat. Les syndicats défendent les intérêts des travailleurs. Pour être syndiqué, le travailleur paie une cotisation.	
taux [m.] (de chômage) taux d'écoute taux d'intérêt	(Arbeitslosen-)Quote, Rate Einschaltquote Zinssatz	Le taux de chômage est en hausse constante. Le taux d'écoute mesure la popularité d'une émission. Les taux d'intérêt ont une influence sur l'économie.	= audimat
taxe [f.] taxe [f.] à la valeur ajoutée (T.V.A.)	Steuer Mehrwertsteuer	La T.V.A. est une taxe sur la valeur ajoutée. Le montant de la T.V.A. n'est pas encore le même dans tous les pays européens.	= impôt
technique [f.] technologie de pointe	Technik Spitzentechnologie	La technique industrielle est de plus en plus pointue. La technologie de pointe est un secteur en plein essor.	
télécarte [f.] télécharger télécommande [f.] téléspectateur, trice	Telefonkarte herunterladen Fernbedienung Fernsehzuschauer, -in	La télécarte permet de téléphoner d'une cabine. Pour installer ce programme il faut le télécharger. La télécommande permet la commande à distance. Le téléspectateur regarde la télévision.	
temporaire	vorübergehend, einstweilig	Beaucoup de jeunes doivent se contenter d'un travail temporaire.	= passager, provisoire ≠ permanent, durable
temps libre [m.]	Freizeit	Le temps libre sert à la pratique d'un loisir.	= loisir

famille de mots	dt. Bedeutung	contexte/définition	synonyme/antonyme
tension [f.]	Spannung	La tension des banlieues conduit parfois à l'émeute.	= pression ≠ détente
tentant, e	verlockend	Il est tentant de sortir quand il fait beau.	≠ repoussant, dissuasif
tentation [f.]	Versuchung	Il n'est pas toujours facile de résister à la tentation	= envie, ≠ dissuasion
tentative [f.]	Versuch	La tentative de battre le record a échoué.	= essai
tenter	versuchen	Ils tentent de trouver une solution à leur problème.	= essayer
tenter qn.	jdn. in Versuchung führen	La publicité cherche à tenter le consommateur.	= inciter, ≠ dissuader
terreur [f.]	Schrecken, Entsetzen	Une bande de jeunes délinquants fait régner la terreur.	= épouvante, frayeur
terrible	schrecklich	Quoi de plus terrible que de perdre son travail?	= effrayant, épouvantable
terrifiant, e	erschreckend	Le cancer est une maladie terrifiante.	= effrayant, épouvantable
terroriser	erschrecken	Les racketteurs cherchent à terroriser leurs victimes.	= épouvanter, effrayer
tirage [m.]	Auflage	Le tirage est la quantité d'exemplaires imprimés.	
tolérable	erträglich, tragbar	Cette situation n'est plus tolérable, il faut y mettre fin.	= supportable, ≠ intolérable
tolérance [f.]	Toleranz	« S.O.S. racisme » fait appel à la tolérance.	= indulgence, ≠ intolérance
tolérant, e	tolerant	Il faut apprendre aux enfants à être tolérant.	= indulgent
tolérer	dulden, ertragen	Il n'est plus question de tolérer la violence à l'école.	= supporter, admettre
touche [f.]	Taste	Les touches du clavier français sont différentes de celles du clavier allemand.	
tourner (bien/mal)	(gut/schlecht) ausgehen	Une émeute est une manifestation qui tourne mal.	
toxicomane [m./f.]	Süchtige(r)	Les toxicomanes souffrent de leur dépendance.	= drogué
toxique	giftig	Les gaz des pots d'échappement sont toxiques.	= empoisonné
trafic [m.]	illegaler Handel	Pour éviter le trafic, les dons d'organes sont gratuits.	= commerce illégal
trafiquant, e	Drogenhändler, -in	Les trafiquants se servent de revendeurs.	

famille de mots	dt. Bedeutung	contexte/définition	synonyme/antonyme
traitement [m.] traitement de texte traiter	Behandlung Textverarbeitung behandeln	Le traitement des drogués exige une désintoxication. Word est un programme de traitement de texte. Pour traiter la maladie, les médecins essaient un nouveau médicament.	= soin, thérapie = soigner
transférer	verlegen	Les Halles, le plus grand marché de Paris, ont été transférées en banlieue.	= déplacer, déménager
transfert [m.]	Verlegung	Le transfert à l'hôpital se fait en ambulance.	= déplacement, mutation
transformation [f.] transformer	Änderung, Umgestaltung ändern, umgestalten	Le magasin sera fermé pendant sa transformation. Les zones piétonnes ont transformé la circulation.	= changement, modification = changer, modifier
transmettre transmissible transmission [f.]	übertragen übertragbar Übertragung	Les malades contagieux transmettent leur maladie. Le SIDA est une maladie sexuellement transmissible. La transmission de la maladie se fait aussi par le sang.	= donner, faire passer = contagieux = contagion
transplantation [f.] transplanter	Verpflanzung verpflanzen	La transplantation d'organe peut sauver la vie. Pour transplanter un organe, il faut l'accord du donneur ou de sa famille.	
unanime unanimité [f.]	einstimmig Einhelligkeit, Einstimmigkeit	Tous sont unanimes pour refuser la proposition. Le candidat a été élu à l'unanimité.	= uni, d'accord, ≠ divisé ≠ désaccord, division
uni, e unifier unité [f.]	vereint, gleichförmig vereinigen Einheit	La France et l'Allemagne sont unies dans la lutte. Le président de la République devra unifier son parti. Le mètre est une unité de mesure.	= lié, ≠ désuni, séparé = unir, ≠ diviser
uniforme uniformité [f.]	einheitlich Einheitlichkeit, Eintönigkeit	Les provinces françaises sont loin d'être uniformes. L'uniformité du paysage rend la région monotone.	≠ varié, diversifié = monotonie, ≠ variété

famille de mots	dt. Bedeutung	contexte/définition	synonyme/antonyme
univers [m.]	Universum, Weltall	Les astronautes vont à la découverte de l'univers.	
universel, le	universal, umfassend	La loi universelle concerne le monde entier.	= mondial
universitaire	Universitäts-	Les études universitaires durent de 4 à 6 ans.	
urbain, e	städtisch	Le tram est un moyen de transport urbain.	≠ rural
urbanisation [f.]	Verstädterung	L'urbanisation des régions rurales doit tenir compte de la qualité de vie des habitants.	
urgence [f.]	Dringlichkeit	Il a été transporté en urgence à l'hôpital.	
urgent, e	dringend	Ce travail urgent ne souffre aucun retard.	= pressant
usage [m.]	Anwendung, Brauch	L'usage de certains gaz est interdit.	= utilisation
usagé, e	verbraucht	Il est dangereux de rouler avec des pneus usagés.	= usé, ≠ neuf
usager [m.]	Benutzer	Les usagers des transports publics prennent le bus ou le tram pour circuler en ville.	= utilisateur
utile	nützlich	L'ordinateur est un appareil utile, voire indispensable.	≠ inutile
utilisation [f.]	Gebrauch, Verwendung	L'utilisation du téléphone est interdite dans l'avion.	= usage
utilité [f.]	Nützlichkeit	L'utilité du catalyseur ne fait plus de doute.	≠ inutilité
vacances [f. pl.]	Ferien	Les grandes vacances ont lieu en juillet et août.	= congés
vacancier, ière	Urlauber, -in	Les vacanciers français aiment visiter la France.	
vaincre	besiegen	Il faut vaincre sa peur avant de sauter en parachute.	= gagner, ≠ perdre
vainqueur [m.]	Sieger	Le vainqueur du Tour de France est acclamé à Paris.	= gagnant, ≠ perdant
victoire [f.]	Sieg	Le gagnant de la course a bien mérité sa victoire.	= succès, réussite, ≠ défaite
victorieux, euse	siegreich	Il est sorti victorieux de son combat.	= gagnant, ≠ perdant

famille de mots	dt. Bedeutung	contexte/définition	synonyme/antonyme
valable	gültig, annehmbar	Votre billet de train est aussi valable pour le retour.	= valide, ≠ faux
valeur [f.]	Wert	Des experts estiment la valeur d'une œuvre d'art.	= qualité, prix
valoir	gelten, Wert sein	Ce beau bijou doit certainement valoir cher.	= coûter
variable	veränderlich, abwechselnd	Le nombre des touristes est variable selon les saisons.	= changeant, ≠ invariable
varié, e	vielfältig, verschieden	Une nourriture équilibrée doit être variée.	= divers, ≠ uniforme
varier	variieren, abwechseln	La Bretagne a dû varier sa production de légumes.	= diversifier, ≠ uniformiser
variété [f.]	Verschiedenartigkeit	La France produit une grande variété de fromages.	= diversité, ≠ uniformité
végétal, e	pflanzlich	Le monde végétal se transforme avec les saisons.	
végétarien, ne [subst./adj.]	Vegetarier, -in; vegetarisch	Le végétarien exclut la viande de son régime.	
vendeur, euse	Verkäufer, -in	Le vendeur propose la marchandise au client.	≠ acheteur, acquéreur
vendre	verkaufen	La loi défend de vendre de l'alcool aux mineurs.	≠ acheter, acquérir
vente [f.]	Verkauf	La vente de voitures neuves continue de baisser.	≠ achat, acquisition
victime [f.]	Opfer	L'enfant est la première victime d'un divorce.	≠ rescapé
vide	leer, unbewohnt	Les bouteilles vides peuvent parfois être recyclées.	≠ plein
(se) vider	leer werden, entleeren	Les campagnes du centre de la France se vident.	≠ (s')emplir
vigilance [f.]	Wachsamkeit	Seule une grande vigilance peut protéger les jeunes contre la drogue.	= surveillance, attention
vigilant, e	wachsam		≠ attentif, ≠ inattentif
violence [f.]	Gewalt	La violence ne doit pas avoir sa place à l'école.	= brutalité, ≠ douceur
violent, e	heftig, gewalttätig	Elle souffre d'un violent mal de tête.	= brutal, fort, ≠ doux
vol [m.]	Diebstahl	Il a été condamné à trois mois de prison pour vol.	
voler	stehlen	Ils sont obligés de voler pour pouvoir manger.	
voleur, euse	Dieb, -in	Les voleurs ont été pris en flagrant délit.	

famille de mots	dt. Bedeutung	contexte/définition	synonyme/antonyme
volontaire [subst./adj.]	Freiwillige(r); freiwillig	Les pompiers volontaires travaillent gratuitement.	≠ involontaire
volonté [f.]	Wille	Il a écrit ses dernières volontés dans un testament.	
volontiers	gerne	Je vous aiderais volontiers si je le pouvais.	= avec plaisir
vote [m.]	Abstimmung, Wahl	Les immigrés n'ont pas encore le droit de vote.	
voter	wählen	Le personnel a voté pour élire son représentant.	
voyage [m.]	Reise	Les voyages forment la jeunesse. (proverbe)	
voyager	reisen	Les moyens de transport modernes permettent de voyager vite et confortablement.	
voyageur, euse	Reisende(r)	Les voyageurs de l'espace sont appelés cosmonautes.	
xénophobe [subst./adj.]	fremdenfeindliche Person; ausländerfeindlich	Les xénophobes demandent l'arrêt de l'immigration et le renvoi des étrangers.	= raciste, ≠ xénophile
xénophobie [f.]	Ausländerfeindlichkeit	La montée de l'immigration a provoqué une vague de xénophobie.	= racisme ≠ xénophilie
zèle [m.]	Eifer	Il a montré beaucoup de zèle dans l'accomplissement de son travail.	= empressement, ardeur ≠ nonchalance
zélé, e	eifrig	C'est un travailleur zélé qu'il faut récompenser.	= empressé, ≠ nonchalant
zéro	null	Oublions tout et repartons à zéro.	
zone [f.]	Zone; ärmliches Wohnviertel	Cette région a été déclarée zone interdite. Les habitants de la zone manquent d'espaces verts.	= endroit, lieu, emplacement = bidonville ≠ quartier chic
zone climatique	Klimazone	La zone climatique polaire est menacée par le réchauffement de la terre.	

Bildnachweis